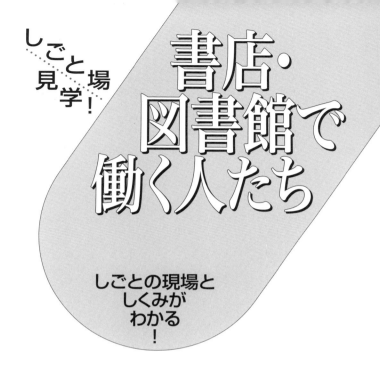

しごと場見学!

書店・図書館で働く人たち

しごとの現場と
しくみが
わかる!

戸田恭子 著

全国中学校進路指導・キャリア教育
連絡協議会推薦

ぺりかん社

この本でみなさんに
伝えたいこと

　私たちが日々の暮らしの中でひんぱんに利用する場所や、どこの町にでもある施設——このシリーズではそんな場所や施設を見学し、そこで働く人たちの仕事を紹介します。

　この本では、書店と図書館で働く人びとを紹介しています。みなさんは本が好きでしょうか。本にかかわる仕事をしたいと考えたとき、出版業界にはさまざまな仕事があります。出版社に勤務して本をつくる編集者もいれば、本を売るために注文を集めたり宣伝をしたりする営業の担当者もいます。また、本にするための原稿を書く作家やライター、マンガ家、写真を撮影するカメラマン、ページをデザインするデザイナー、イラストを描くイラストレーター、本の装丁を行う装丁家、内容に間違いがないかをチェックする校正者といった専門的な仕事もあります。海外の本を日本語で出版するときには、翻訳家の存在が欠かせません。さらに、完成した組版を印刷する印刷会社、本の形にする製本所、できあがった本を全国の書店に卸す取次会社で働く人もいます。

　このようにたくさんの人がかかわっているなかで、書店で働く書店員や図書館で働く司書の仕事は、本の流通ではいちばん最後にあたり、読者にもっとも近いところにいる職種です。書店や図書館によく足を運ぶ人なら、そこで働く人たちがどんな仕事をしているのか、だいたいわかるかもしれません。でも、ふだん私たちが目にすることのできる仕事以外にも、なかなか見ることのできない部分もあります。

＊　＊　＊

　近年、本や雑誌を取り巻く環境は大きく変化してきています。インタ

ーネットやスマートフォンなどの影響もあって、人びとの読書離れが進んでいるといわれているほか、電子書籍が広く親しまれるようになりつつあり、紙の本や雑誌の売れ行きが落ち込む原因にもなっています。実際に出版社や書店の数も減ってきていて、出版不況などといわれていますが、テレビドラマ化や映画化で話題になったり、ネットやゲームと連動してヒットしたりする作品も少なくありません。それに、いくらインターネットや電子書籍が普及しようとも、紙にしかない魅力や、書店や図書館でしか得られない楽しみはたくさんあるのです。

　この本では、書店や図書館の内部がどうなっているのかをイラストでわかりやすく解説するとともに、実際に書店や図書館で働く主要な職種の人たちにインタビューしています。なぜ、今の仕事を選んだのか、日々の仕事の内容、仕事のやりがいや喜びなどを語ってもらっていますので、実際に彼らと話し、店舗や館内の見学をしているような気分になれると思います。そして、みなさんが書店や図書館を利用しているときには気付かなかったことまでが発見できるのではないでしょうか。

　みなさんも学校のキャリア教育の中で、職場見学や職場体験で書店や図書館に行くチャンスがあるかもしれませんね。そんなときの事前学習教材として、または実際には行けなくてもバーチャル体験の資料として、この本を活用してみてください。また将来、書店や図書館で働きたいと思っている人や本に興味のある人たちが、書店や図書館、出版業界の仕組みを知るきっかけや、職業選択をするうえでの参考に役立てていただければうれしく思います。

著者

書店・図書館で働く人たち　目次

この本でみなさんに伝えたいこと ················· 3

Chapter 1

書店・図書館ってどんなところだろう？
書店や図書館にはこんなにたくさんの仕事があるんだ！ ········ 10

Chapter 2

書店ではどんな人が働いているの？
書店の仕事をCheck！ ································· 16
書店をイラストで見てみよう ·························· 18
働いている人にInterview!①**書店の文芸書担当** ············ 36
働いている人にInterview!②**書店のコミック担当** ·········· 42
働いている人にInterview!③**書店の芸術書担当** ············ 48
働いている人にInterview!④**書店の店長** ················· 54
　書店にまつわるこんな話１ ·························· 60
　書店にまつわるこんな話２ ·························· 62

Chapter 3

書店を支えるためにどんな人が働いているの？

書店を支える仕事をCheck！ ………………………………………… 66
本や雑誌が書店を通して私たちの手に届くまで ……………… 68
働いている人にInterview!⑤**外商の営業** ……………………… 78
働いている人にInterview!⑥**仕入れ担当** ……………………… 84
働いている人にInterview!⑦**ネットストア担当** ……………… 90
働いている人にInterview!⑧**取次会社の社員** ………………… 96
　書店にまつわるこんな話3 …………………………………… 102
　書店にまつわるこんな話4 …………………………………… 104

Chapter 4

図書館ではどんな人が働いているの？

図書館の仕事をCheck！ ……………………………………… 108
図書館をイラストで見てみよう ………………………………… 110
働いている人にInterview!⑨**区立図書館司書** ………………… 124
働いている人にInterview!⑩**点字図書館担当** ……………… 130
働いている人にInterview!⑪**学校司書** ……………………… 136
働いている人にInterview!⑫**資料保全専門員** ……………… 142
 図書館にまつわるこんな話1 ……………………………… 148
 図書館にまつわるこんな話2 ……………………………… 150

この本ができるまで 152
この本に協力してくれた人たち 153

Chapter 1

書店・図書館って どんなところ だろう？

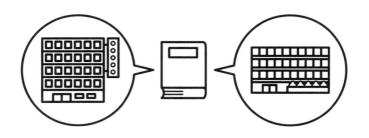

Chapter 1　書店・図書館ってどんなところだろう？

書店や図書館には こんなにたくさんの 仕事があるんだ！

書店と図書館って、どんなところ？

　書店と図書館には、本や雑誌がたくさん並んでいる。書店と図書館の大きな違いは、書店は本を売っているところで、図書館は無料で本を閲覧できるところだということ。書店では売れ残った本は新しく出た本と入れ替えられていくが、図書館には古い本から新しい本までを集めて、きれいに整理・保管するという目的もある。

　読みたい本があるとき、「書店で買う」方法と、「図書館で借りる」方法のどちらを選ぶだろうか？　書店の本は購入すれば自分のものになるので、必要なときにすぐ読めるし、何度もくり返して読むことができる。昔は「立ち読み禁止」という店も多かったが、最近では座って本を選べるスペースがあるところも増えてきた。一方、図書館の本はみんなのも

のなので、自由に読めるし、椅子やテーブルのある閲覧スペースも充実している。ただし、目当ての本が貸し出し中だったりすると、すぐに読めないこともある。貸し出しの手続きをすれば、家に持ち帰ってゆっくり読むこともできるが、当然、期限までに返却しなければならない。

　書店には、新刊を定価で販売している書店のほか、店舗ではなくインターネット上で販売しているネット書店（オンライン書店）、誰かが読み終わった中古の本を定価よりも安く売る（貴重な本の場合は定価よりも高くなることもある）古書店などがある。

　図書館には、全国各地の市町村にあって地域の住民のために公開されている公共図書館、小・中・高等学校などにある学校図書館、そのほかに企業や各種団体、研究機関などが設置した専門図書館もある。

　書店の数は徐々に減ってきていて、日本著者販促センターの調査によると、1999年に2万2296店あった書店数は2015年には1万3488店になった。一方、公共図書館はわずかずつ増加していたが、「日本の図書館統計と名簿」という資料によると、2014年には43年ぶりに減少し、全国に3246館となっている。

書店と図書館にはどんな仕事がある？

　書店で働く書店員と図書館で働く司書の両方に共通している仕事は、本を扱うことと、お客さまや利用者などの人と接することといえる。

　どちらも、新しい本を注文したり、すでにある本や届いた本を管理・整理して棚にきれいに並べたりするところは似ている。ただし、書店ではお客さまの関心をひきつけて売れることを意識し、図書館では利用者に役立つものを探しやすく置くことを意識するという違いがある。

　専門的な本や雑誌について聞かれることもあるので、書店員にも司書にも幅広い知識が求められる。お客さまや利用者に探している本の場所を案内したり、そこになければ手配して取り寄せたりするのも同じだが、書店では店や取次会社の倉庫、出版社などから取り寄せ、図書館では区

市町村内や別の自治体の図書館の蔵書から取り寄せることになる。

　書店の場合は本を売っているので、レジで会計を行う。図書館の場合は本を貸し出しするので、カウンターで手続きを行う。

　書店では日々、新しい本が入ってくるため、期限までに売れ残った本は取次に送り返す（返品）ことになる。図書館でも蔵書が増えすぎないよう、一定期間を過ぎた本や雑誌などは「リサイクルコーナー」などに置いて、無償で必要な人に提供していることが多い。

　書店では、売りたい本を紹介するために、フェアやイベントを行ったり、popやポスターなどを作成したりすることも多い。図書館でも本に興味をもってもらうために、季節やテーマに合わせたフェアを企画したり、絵本や紙芝居の読み聞かせや映画上映会などのイベントを開催したり、館内の雰囲気を演出するための飾りつけをしたりしている。

　書店員や司書は、一人でも多くの人たちがよい本と出合うために、さまざまなアイデアを出して、努力を続けているといえる。

書店や図書館を取り巻く環境の変化

　インターネットの普及もあって、2013年度の文化庁の調査では、日本人の47.5パーセントがコミックや雑誌以外の本を1カ月に一冊も読まないという結果が出ている。また、少子高齢化の影響で読者となる年齢層の人が減っていることや、ネット書店や電子書籍を利用する人が増えていることなどから、書店や図書館のおかれている状況は厳しい。

　しかし、読書離れが叫ばれているなかでも、多くの人でにぎわっている書店や図書館はある。時代が変わっても、書店員や司書のもっとも重要な役割は訪れるお客さまや利用者を満足させることだ。

　書店や図書館には、さまざまなジャンルの本がそろっていて、欲しいと思う情報や知識が得られたり、好奇心を満たしてくれたりする。また、書店や図書館のなによりの魅力は、新しい発見ができること。時間があるときに、ふらりと立ち寄ってみて、たまたま気になるものが見つかる

こともある。目的のものとは違う本を追加で買ってしまったり、借りてしまったりした経験は誰にでもあるのではないだろうか。

　はっきりと目的の本が決まっているわけではなくても、こういうものが読みたいという希望がある人も多いはずだ。そこで書店員や司書に声をかけて、自分の好きなジャンルの本や、知りたいことが書いてある本をすすめてもらえたらうれしいし、それが本のプロの仕事だといえる。

　今後もさらにネット書店や電子書籍の利用は増加することが予想されるが、書店や図書館が消えてしまうことはないだろう。逆に、インターネットを活用して、イベントの告知をしたり、おすすめの本を紹介したりすることで、効果的な集客にもつながる。SNS（ソーシャル・ネットワーキング・サービス）などをきっかけにして交流が生まれ、お客さまや利用者の要望を知ることもできる。これからは、ネット環境もうまく活用して情報発信のできる書店員や司書が活躍していくだろう。

さあ、書店・図書館の見学に行こう

　さて、ここまで書店や図書館の役割や仕事を簡単に紹介してきたけれど、このほかにもまだまだたくさんの仕事がある。つぎの章からは、中学生が実際に書店と図書館に行って、見学しながら働く人たちに話を聞いていく。舞台になっているふくろう堂書店とみさご市立図書館は架空のものだが、実在する書店や図書館をもとに構成している。

　また、各チャプターの後半にあるインタビューページでは、実際に書店や図書館で働く人たちに登場してもらい、それぞれの仕事に対する思いを語ってもらった。

　書店や図書館で働く人たちは、たいてい子どものころから読書が大好きで、たくさんの本を読んでいる。自分の好きなジャンルに関しては、相当くわしい知識をもっている人も多い。そして、よい本をできるだけ多くの人たちに知ってもらい、感動を伝えたいと思っている。そんな人たちが、どんな気持ちでどんな仕事をしているのか、見に行こう！

Chapter 2

書店では
どんな人が
働いているの？

Chapter 2　書店ではどんな人が働いているの？

書店の仕事を Check!

書店の中でもっとも多いのは
販売にかかわっている人たちだ。
さまざまなジャンルの
本や雑誌を売っている書店では、
書店員の仕事ぶりが
売り上げを左右する。

　ふくろう堂書店は、たくさんの本や雑誌を扱っている大型書店。そこへ見学にやってきたのは中学2年生の村上くんと島本さん。ふたりとも本が大好きで、将来は本にかかわる仕事に就きたいと考えているだけに、興味津々だ。

＊　　＊　　＊

書店の中にはさまざまな本がズラリと並ぶ

村上くん「こんにちは。ふくろう堂書店の見学に来ました村上と島本です」

見学係「いらっしゃいませ。本日はふくろう堂書店にようこそ。さっそく店内をご案内しましょう。こちらへどうぞ」

村上くん「わぁ、本がいっぱいあるね!」

島本さん「こんなに本がたくさん並んでいると、ワクワクしちゃう!」

村上くん「いつもはコミックと参考書の売り場に行くことが多いけれど、ほかにもいろいろな本がありますね」

見学係「ふくろう堂書店では商品が探しやすいように、**小説、エッセイ、実用書、児童書、さまざまな雑誌や専門書など、ジャンルごとに分けて並べています**。コミックだけを置いているフロアもありますよ」

島本さん「書店で働いている人たちは、みなさん読書が好きなんですか?」

見学係「当店のスタッフは、もともと本に愛着をもっている人ばかりですね。本の種類はとても多いので、すべてのジャンルにくわしくなることは難しいですが、書店員には各担当の棚や売り場があるので、自分が担当している分野については誰にも負けない自信がある、という人もいます。書店での仕事は、お客さまに見える部分も見えない部分もありますが、ひとつずつ説明してもらいましょう。ここからは、現場のスタッフにバトンタッチしますね」

Chapter 2　書店ではどんな人が働いているの？

書店を
イラストで見てみよう

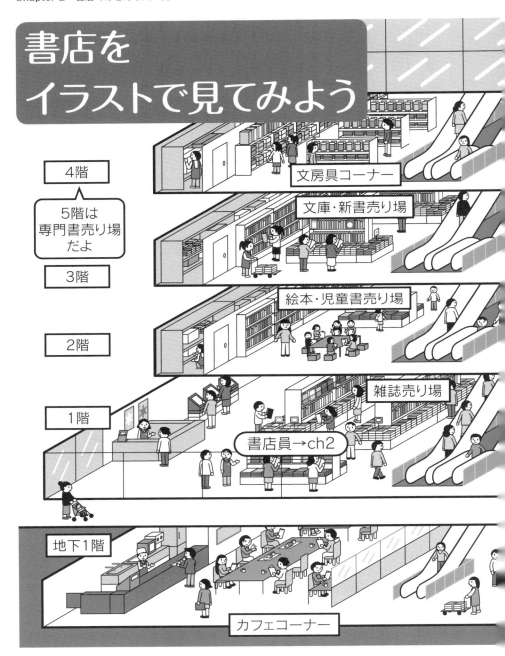

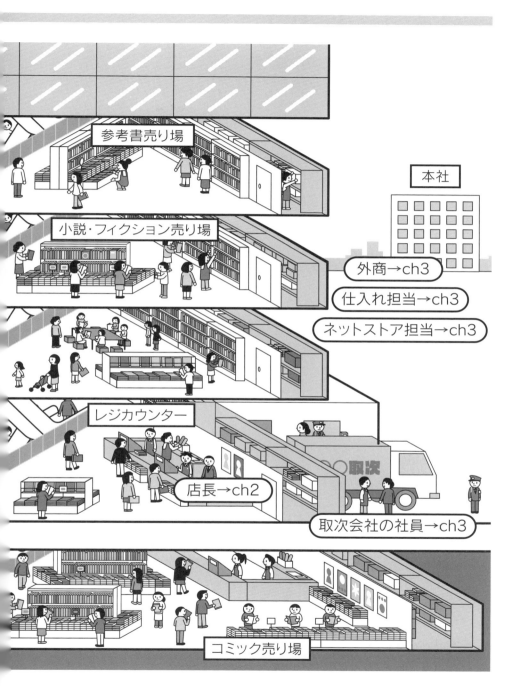

Chapter 2　書店ではどんな人が働いているの？

仕入れや棚づくりは仕事の基本

島本さん「こんにちは。私たち、みなさんの仕事内容を知りたいので、いろいろ教えてください」

書店員1「わかりました。最初に必要なのは、売るための本の注文ですね。お客さまが欲しいと思うものを多く並べられるように、出版社から取り寄せます。このとき、どんなものが流行しているのか、来店されるお客さまにはどんな年齢、性別、職業の方が多いかなどを考えて選びます」

村上くん「よい本を必要な人に届ける役割をしているんですね」

書店員1「そうですね。そのためにもつぎにするのは、**売り場の棚づくり**。本や雑誌はバラバラだと見た目もよくないし、欲しいものが探しにくいですよね。だから、届いた本や雑誌は棚に見やすく並べて、いつもきれいな状態にしておきます。それに、**並べ方ひとつで本の売り上げが大きく変わることもあるんです**」

島本さん「どんなふうに並べると、よく売れるんですか？」

書店員1「本の表紙を目立たせたいときには『平積み』といって表紙を上に向けて積んで並べたり、内容をお客さまに知らせたいときには、積

> **コラム　本の魅力を伝えるポップの役割**
>
> 　全国各地の書店で見かける「pop」とは、「point of purchase」の頭文字を取った略語で、購買時点の広告という意味。本の内容を紹介する小さなカードのようなもので、売り場に華を添えるとともに、その本に注目してもらい、売り上げを伸ばす役割がある。このポップによって、ベストセラーやロングセラーにつながった本も多いので、販促ツールとして重要視されているのだ。
>
> 　出版社のサイトなどでは画面からダウンロードして印刷できるものがあるほか、ポップづくりを代行する業者もあるという。しかし、やはり書店員が自分の言葉やイラストを使って、手書きしたポップには味がある。最近では、都道府県や図書館が主催する「ポップコンテスト」なども開催されている。自分が読んだ本のおもしろさをわずか数行でまとめるのは難しいが、挑戦してみてはどうだろう。

んである本のそばに『pop』というコピーや紹介文を書いたカードを立てたりします」

島本さん「これはポップっていうんですね！　目立つ文字やイラストが書いてあると、つい立ち止まって読んでしまうし、その本の内容が気になります」

書店員1「出版社は直接本を売ることができないので、ぼくたちが『こ

Chapter 2 書店ではどんな人が働いているの?

んなおもしろい本がありますよ!』と伝える**メッセンジャー的な役割も果たしているんですよ**。人気作家の最新作などを並べるだけなら誰にでもできますが、工夫をこらして独創的な棚をつくることで、購買意欲をかきたてるんです。自分が選んで、どうすれば興味をもってもらえるかを考えて並べた本が、お客さまの手に渡ったときの喜びは格別ですよ。たくさん売れると、流行につながるかもしれませんし、いろいろと工夫のしがいがあります」

村上くん「書店では入るとすぐに雑誌が置いてあって、参考書などは奥のほうにありますよね。これは決まっているのですか?」

書店員1「いいところに気がつきましたね。雑誌は見出しなどに興味をもって、立ち寄ってくれる人が多いからです。それに入り口付近など、外から見えやすい位置にお客さまがいると、ほかの人も店内に入りやすくなります」

島本さん「なるほど。コンビニエンスストアでも、立ち読みできる雑誌のコーナーが入り口にありますよね」

書店員1「それとは逆に、参考書などは落ち着いてじっくり選びたいお客さまが多いので、人の出入りが少ない店の奥に置いているんです」

本になる前のものが読めることも

村上くん「あの……前から気になっていたんですが、空き時間などは本が読み放題なんですか？」

見学係「そうだといいのですが(笑)。スタッフの立ち読みは禁止です。店頭に並んでいる本はすべて大事な商品ですから、絶対に汚したり折ったりしてはいけませんので」

島本さん「でも、中を読まないと、本のよさがわからないのではないですか？」

書店員1「フェア用の本やポップで紹介したいと思う本は、自分で買って読んでいますよ。書店員はみんな本好きなので、おたがいに『これ読んでみてよ、おもしろいよ』とまわし読みをすることもあります。あと最近は、**出版社の方から『ゲラ』という本になる前の段階で読ませていただいて、どうやって売っていくかをいっしょに考えたりすることもあります**」

島本さん「仕事とはいえ、ひと足早く本が読めるなんて、いいですね。ここにサインが飾ってありますが、作家の先生に会えるチャンスもあるんですか？」

書店員1「著者の方や作家さんが、書店を訪問してくれる機会も増えています。書かれた本はもちろん、実際にお会いしてみて、ご本人の人柄のよさが感じられたりすると、力を入れて売りたいと思います」

村上くん「書店は出版社の人や作家さんとも交流があって、ベストセラーを生み出す情報発信の場になっているんですね」

書店員1「そうなりたいですね」

接客の仕事は書店員の腕の見せどころ

書店員1「続いて、接客についてお話ししますね。売り場では、ぼくたちはお客さまの質問に応えたり、探している本を見つけるお手伝いをしたりします。接客は特に大事な仕事ですが、欲しい本は人それぞれなので、一方的に『これがおすすめですよ』とは言えないのが難しいところです」

島本さん「探してほしいときと、自分で選びたいときがありますね」

書店員1「ですから、聞かれるまではむやみに話しかけたりはせず、自由に本を手に取って選んでもらうようにしています。ただ、顔見知りの常連のお客さまには、その方の好みもある程度わかっているので、『○

出版流通の配本という仕組み

　話題になっている本を買いに行ったら、近所の書店にはなかったという経験はないだろうか？　それは出版流通の仕組みの中に「配本」という制度があるからだ。一般的なお店では、売りたい商品を仕入れて店頭に並べるものだが、出版業界は少し違う。特に新刊の場合、「パターン配本」と呼ばれる方式で各書店に届けられる。これは全国の書店を大きさや場所など、さまざまな条件によってカテゴリー分けし、コンピュータによって本を配るシステム。印刷部数が少ない本などは、パターン配本から外れてしまった書店には入りにくくなる。有名作家の本やベストセラーなども、大型書店には山積みされているのに小さな書店には入っていないことが多い。配本制度は効率化のために役立っているが、問題点もあるのだ。

○先生の新刊がもうすぐ出ますよ』などと声をかけることもあります」
村上くん「こんな本が読みたい、って**リクエストしたら、おすすめの本を選んでくれますか？**」
書店員１「もちろん。欲しい本が決まっていて、それがどこにあるか、続きはいつ出るのかなどを聞かれることも多いですが、具体的に欲しい本が決まっていないお客さまもたくさん来店されます。ぼくたちに相談

おすすめの本の相談にのることも

Chapter 2　書店ではどんな人が働いているの？

して決めてもらえるとうれしいですね。希望にどれだけ応えられるかが腕の見せどころですから。では、つぎはレジカウンターの仕事を見てみましょうか」

レジでの業務はすばやくていねいに

島本さん「たくさんのレジが並んでいるんですね」

レジ担当「**会社や学校帰りの人が来店する平日の夕方から夜にかけてと、土曜日、日曜日・祝日などはレジが混雑します。**忙しい時間帯には、売り場の担当をしている書店員も交代でレジカウンターに入ったり、アルバイトやパートの人にレジの仕事をお願いしたりしています」

村上くん「混み合うと大変そうですね」

レジ担当「ええ。**お客さまを長時間お待たせしないように、すばやく対応しなければなりません。それに忙しくてもお会計には正確さが、本にカバーをかける作業などにはていねいさが求められます**」

島本さん「私は誕生日のプレゼントに絵本をもらったとき、きれいに包まれてリボンがついていて、うれしかったです」

レジ担当「そうですか。プレゼント用の本ならラッピングしますし、包装紙やリボンの色も選んでもらえますよ。ほかにも、購入した本を配送するサービスもありますし、お客さまからの注文を受けたり、注文された本が届いたら電話でお知らせしたりもします。図書カードの販売なども、レジカウンターで行っています。混んでいない時間にも、売れた本のスリップ（→62ページ）を仕分けしたり、追加の注文を出したり、やることはいろいろあるんですよ」

村上くん「レジの人は、お店の顔でもありますね」

レジ担当「ここでの対応がお客さまの印象を決めてしまうこともあるので、いつも笑顔を忘れないようにしています」

売り場の裏側での仕事もたくさんある

見学係「せっかくですので、ふだんお客さまは入れない売り場の裏側ものぞいてみますか？」

島本さん「いいんですか。ぜひ！」

見学係「ごちゃごちゃしているとは思いますが……（笑）。スタッフ用の通用口からお入りください」

Chapter 2　書店ではどんな人が働いているの？

村上くん「失礼します。ダンボールの箱がいっぱいある！　これも全部、本ですか？」

書店員2「そうですよ。**新刊や人気商品などを注文して、届いた箱を開けて中身を確認し、棚に並べていきます。その代わりに、棚から外したものを今度は箱に詰めて返品するんです。**毎日、何十、何百個もの箱が届くので、体力は使うし、けっこうハードな仕事なんですよ」

島本さん「本って箱いっぱいに入れると重いですもんね。私も引っ越しのとき、自分で運べなくて……。書店員さんは女性の方も多いですが、みなさん体をきたえているんですか」

書店員2「立ち仕事は多いし、本を運ぶことも多いから、ある程度の体力は必要かな。でも健康なら、ふつうの女性でもだいじょうぶですよ」

村上くん「あと、大きなパネルみたいなものもありますけど」

書店員2「それは今週末に予定しているイベントで使う案内板です。私が企画したので、たくさんの方が集まってくれるといいのですが」

島本さん「ところで、書店員さんはエプロンをしていることが多いですよね。飲食店でもないのに、どうしてですか？」

書店員2「エプロンをつけた人が店員だとわかりやすいためでもあるし、

> ### コラム　ブックカバーをつける目的
>
> 　書店で本を買うとつけてもらえるブックカバー。歴史をさかのぼると、大正時代から日本の古書店では店名などをデザインした紙で本を包んでいたのだとか。紙でできたカバーは手ざわりがよく、印刷もしやすいことから広まったようだ。
>
> 　書店がブックカバーを提供する理由は、大きく三つ。ひとつ目は、すでに会計がすんでいることがひと目でわかるようにするため。二つ目は、本に汚れや傷がつかないように保護するため。そして三つ目は、広告宣伝のためだ。買った人はもちろん、カバーのついた本を電車やカフェなどで読んでいる人がいれば、近くの人の目にも入る。そのため、広告媒体としての利用価値が高いのだ。また、日本ではどんな本を読んでいるかを周囲に知られたくないというシャイな人が多く、本の表紙を隠せることもブックカバーが普及した理由のひとつであるらしい。

本やダンボール箱を運ぶときなど、服が汚れたりこすれて傷んだりしやすいですからね。エプロンのポケットは、ペンやメモ帳、カッターなどの小物を入れておくのにも便利なんですよ」
村上くん「なるほど。ほかにも裏側での仕事はありますか？」
書店員2「売り場の棚に並べる前の準備として、雑誌の付録を輪ゴムでとめてセットにしたり、コミックにシュリンクというビニールの袋をか

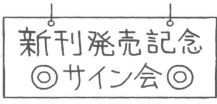

Chapter 2　書店ではどんな人が働いているの？

けたりする作業があります。あとは、お客さまからの電話やメールでの問い合わせに対応したり、出版社や取次（問屋）の担当者さん（→96ページ）と連絡(れんらく)を取ったりすることも多いです」
島本さん「お客さま以外の人とも接することが多いんですね」
書店員２「書店の仕事は、本を取り巻くいろいろな職業の人たちと協力しながら成り立っています。本だけでなく、人が好きなことも大事なんですよ」

書店独特の再販(さいはん)制度というシステム

村上くん「たくさんの中から、売れ残った本はどうなるのですか？　さっき返品すると聞きましたが、どこに返品するのですか？」
見学係「**出版の流通の仕組みは、独特なんですよ。**簡単に紹介(しょうかい)しますね。棚(たな)に並(なら)んでいる本は、出版社などから直接仕入れるものもありますが、ほとんどが『委託販売(いたくはんばい)』という形での仕入れになります。委託販売というのは、本を書店が預(あず)かって販売(はんばい)する代わりに、ある程度の期間が過ぎても売れなかったものは返品できるというシステムです。毎日、書店には新しい本が入ってくるので、その本を並(なら)べて、しばらく経った本を返

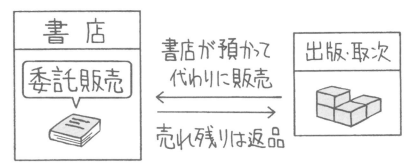

品します。雑誌は新しい号が発売されると、残った前の号は返します」
島本さん「欲しいと思った本や雑誌は、迷わずにすぐ買わないと、お店からなくなってしまうかもしれないんですね」
見学係「そうですね。ただ、返品の数が多すぎると、新刊の入荷数を減らされてしまうこともあるのです。ですから、なるべく返品しなくていいように、チェーン内のほかの店で必要なところに送ったり、新刊で関連する本が出たときにいっしょに並べたり、前とは別の棚に置いたりして、なんとか売れるように努力はしています」
村上くん「返品されたあとは、捨てられてしまうんですか？」
見学係「いったん返品されても、出版社や倉庫に保管されていれば取り寄せられます。ただ、保管場所にも限りがあるので、一定の期間が過ぎると断裁（廃棄処分）されてしまうことも多いですね」
島本さん「古い本や雑誌は安くなればいいのに」
見学係「**本の値段は決まっていて、基本的に値引きはされないんです。それは『再販売価格維持制度（再販制度）』という決まりがあるため**で、ほかの商品なら、ライバル店より安くして売ることができますが、値引きで競争することはできないんですよ。でも例外はあって、出版社に返品された後、出版社が値引きしてでも売りたいと希望した本だけは、定

価よりも安く売ることもできます。そうやって値引きされた本を『バーゲンブック』や『自由価格本』などとよびます。掘り出し物が見つかることもあるかもしれませんね」

村上くん「**古本屋さんでは値段を安くしてもいいのはなぜですか？**」

見学係「それは本を読み終わった一般の人などから買い取った本を販売することについては、再販制度は適用されないからです。ただし仕入れた本は自己所有物となり、売れなくても返品はできないので、在庫をかかえてしまうことになります」

島本さん「書店どうしの競争も大変そうですね」

見学係「はい。それで**差別化のためにポイントカードを発行したり、魅力的なフェアやイベントなどを開催したりしています**」

店全体をまとめる店長の仕事

店長「こんにちは。私はふくろう堂書店の店長です。当店を見学してみて、どうでしたか？」

村上くん「広くてきれいなお店で本もたくさんあって、書店員さんも親切な人ばかりでした！」

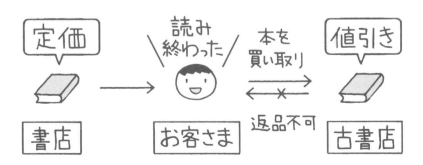

ここが大切！

再販売価格維持制度（再販制度）

　本や雑誌の値段は「価格」ではなく「定価」と記載されている。これは、本などの著作物には文化的な価値があり、誰もが平等に楽しめるべきだという考え方から生まれた「再販制度」によるもの。たとえば、書店が多い都心では値引き競争によって価格が下がり、書店の少ない地方では値引き競争の必要がなく価格は下がらないといったことが起こり、地域による価格差が生まれると、誰もが平等に本を買えなくなってしまう。そのようなことがないよう、本や雑誌は出版社が決めた値段で売らなければならず、値引きができないわけだ。もうひとつ、小さな出版社は価格競争が起こると利益を出せなくなり、結果として本の種類が少なくなってしまう。出版社が自由に出版活動を行うためにも、再販制度が役立っているのだ。

島本さん「みなさんの仕事内容がわかって、勉強になりました」
店長「それはよかった」
村上くん「店長さんは、この大きなお店の中でいちばん偉い人なんですよね？」
店長「ははは。偉いと思ったことはないですよ。**店長になると、自分の担当だけではなく、店全体を見なければならない責任はありますね。**困

ったことがあったら、いろいろ相談されるし、みんなをまとめていかないといけないから、リーダーシップは必要かもしれませんね」
島本さん「やはり売り上げのことも考えなければいけないのですか？」
店長「もちろん、売り上げを増やす努力はしています。それに本の売り上げには出版社や取次会社の分が含まれるので、書店の取り分は少ないんです。だから、たくさん売れないと、なかなか利益にはつながらないんですよ」
島本さん「書店は夜遅くまで開いているところも多いですよね」
店長「ふくろう堂書店も10時から22時まで営業しています」
村上くん「そうすると、働く時間も長いんですか？」
店長「基本的には一日8時間勤務ですよ。**私たち書店員は、早番は9時から18時、遅番は14時から23時というように、交代のシフト制で働いています。**日々のシフト管理もとても大切な仕事で、忙しくなりそうな曜日や時間帯には、書店員の人数を多めにしています。早番の人は開店前の掃除や品出し、遅番の人は閉店後の売り上げの集計や翌日の準備なども行います」
村上くん「なるほど、そうなんですね。では、店長さんならではという仕事はありますか？」

店長「そうですね。スタッフの教育なども重要です。社員、契約社員、アルバイトなど、いろいろなスタッフがいますが、お客さまに満足いただけるサービスを提供するには、研修などで接客のマナーを覚えてもらったり、細かいルールを決めたりすることも大切ですね。また、朝礼のときなどに、どんなお店にしたいかをみんなに話して、同じ思いや目標を共有できるようにしています」

島本さん「電子書籍やネット書店などが増えて、書店の数は減っているそうですね。私は書店で本を選びたいので、減らないでほしいです」

店長「書店もお客さまに来ていただけるよう、さまざまな活動を行っています。たとえば、『本屋大賞』は売りたいと思う本を全国の書店員が投票で決めるもので、これまでに上位を獲得した本はベストセラーになり、映像化されたものも多いんですよ。動画配信サイトで話題の書籍やイベントなどの情報を配信したりもしています。店舗以外のスタッフも支えてくれているので、彼らの話も聞いていってくださいね」

見学係「このあと、本部で働いている人たちも紹介しますね」

村上くん・島本さん「はい。よろしくお願いします!」

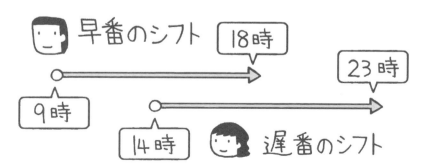

Chapter 2 書店ではどんな人が働いているの?

働いている人にInterview! ①
書店の文芸書担当

文芸書を売るために
棚(たな)づくりやお客さまの対応、
イベントの企画(きかく)などを行う。

田村友里絵(たむらゆりえ)さん

**ジュンク堂書店(どうしょてん)
池袋本店(いけぶくろほんてん)**

小説が好きで、大学ではアメリカ文学を専攻(せんこう)。就職活動のとき、ほんとうに好きなものを扱(あつか)う仕事をしたいと希望して書店員に。「多くの人とかかわれる、この仕事が大好きです」

Interview!

書店の文芸書担当ってどんな仕事？

棚の管理、本の注文や返品、お客さまの問い合わせへの対応、レジでのカウンター業務などは、どのジャンルを担当する書店員にも共通した仕事。接客の仕事が多いので、言葉遣いやマナーにも気をつけ、ていねいに対応できることが求められる。出版社や取次の担当者とのやりとりなど、人とのつながりも大切。

書店員の日々の業務は幅広い

　私が働いているジュンク堂書店池袋本店は、にぎやかな池袋駅からも近く、地下1階から9階まである大きな書店です。入社後の研修が終わってから、ずっと文芸書の棚を担当しています。長年同じジャンルでやっているベテランが多いです。私のいる3階は文芸書と文庫・新書などが並んでいて、店全体の中でも問い合わせが多いフロア。私の担当は日本文学と外国文学ですが、ほかにタレント本やエッセイ、サブカルチャー、詩歌、古典など細かいジャンルに分かれていて、契約社員やアルバイトを含めて15名ほどがそれぞれを担当しています。日々の代表的な業務は、本の棚入れや注文、返品、接客、問い合わせ対応などです。

　営業時間は10時～23時なので、9時30分～18時の朝番、12時30分～21時の中番、14時30分～23時の遅番と3パターンの時間帯でシフトを組んで働きます。シフト表は、私ともう一人の担当が交替で作成。お店に定休日はないので、休日はみんなの希望を出してもらって調整。たとえば、月曜日の朝は本の注文をたくさんするのでスタッフの数を増やしたり、土日は荷物が届かないのでスタッフを少なめにしたり、売り場の状況を考えながら組む必要があります。

　本の棚入れは当店の場合、新刊は商品課という部署でジャンル分けされてから各売り場に届きます。しかし、売り場の担当者が見ると、「ほかのジャンルの棚がふさわしいのではないか」「両方の棚に置いてもいいかもしれない」といった本もあります。置く棚に迷ったときは、ほか

のジャンルの担当者と相談して決めますが、おたがい取り合いになったり、押しつけあったりすることもありますね（笑）。

本の注文は、前日売れた本のリストを見ながら、在庫がなくなりそうなものや急に多く売れたものなどをチェックして、補充のために注文します。売れ筋の本は、50冊頼んでも10冊しか届かない、ということもあるので、少し上乗せして発注します。

お客さまの問い合わせにきめ細かく対応

売り場ではお客さまに「いらっしゃいませ」とあいさつはしますが、ゆっくり本を選びたいという方も多いので、基本的にお声がけはしません。でも私は接客の仕事が好きなので、お客さまからの問い合わせに応じるのは楽しいです。小説はよく読みますが、著者名や本のタイトルには知らないものもあって、最初は調べるのが大変でした。それが長くやっていくにつれて知識も増え、仕事がだんだん楽しくなってきました。新聞や雑誌の書評、テレビ番組などで紹介された本は聞かれることが多いため、月曜日の朝礼の時間にはみんなで確認するようにしています。

電話注文を受けます

Interview!

当店は幅広い品ぞろえを心がけているので、「ほかの書店にはなかったけど、見つかったわ。ありがとう」と喜んでいただけることもあり、うれしいですね。常連のお客さまのなかには、私が選んだおすすめの本をいつも買ってくださる方もいます。「最近、何かおもしろいものはありますか？」とか、「読みごたえのあるミステリーを」「感動的な恋愛小説が読みたい」という問い合わせもあります。そのときは、「ふだんはどんなものを読みますか？」「好きな作家は誰ですか？」「軽いものとじっくり読むものとどちらがいいですか？」と聞きながら、気に入ってもらえそうな本を選んでいきます。

書店の文芸書担当のある1日

9時30分	出勤。朝礼で連絡事項の確認を行う。
10時	開店。売り場でお客さまからの問い合わせに対応。棚の整理や客注（お客さまから注文を受けた本）の手配などを行う。
11時30分	入荷した本を片付ける。
13時	昼食。
14時	事務所でインターネットの仕入れ業務。
15時	届いた新刊の棚入れ。
16時	売り場のカウンターで新刊やフェアのポップづくり
17時	補充品の棚入れ。
18時	業務終了。帰宅。

※朝番の場合。

お客さまからの本の問い合わせに応えます

また、「プレゼント用の本がほしい」「入院している人のお見舞いに持って行きたい」といった要望のときも、本を贈る相手の年齢層や好み、ふだんから本を読む人かどうかなどを教えてもらって選びます。たとえばスポーツをしている人なら、その競技をテーマにした本や選手が書いた本を選ぶというように。私がくわしいのは近代文学ですが、それぞれ得意分野があるので、ほかのスタッフに引き継ぐこともあります。

フェアやイベントなどの企画も考える

　書店業界が忙しいのは4月と12月で、4月はビジネス書がよく売れたり、12月はクリスマスプレゼント用の児童書が多く売れたりします。文芸書は季節による変化はあまりないですが、年2回発表される芥川賞と直木賞の時期はかき入れ時ですね。ただ、受賞作が決まってから本を増刷するので、発表直後は品薄で本を確保するのが大変です。

　店頭のフェアなどは、担当ごとに企画を考えて実施しています。季節に合わせた内容の本を集めたり、話題になりそうな本が出たときに関連するものを並べたり、出版社から提案をいただくこともあります。平日

同僚と本の売れ行きについて相談

Interview!

の昼間は出版社の営業さんや取次さん（→96ページ）が来店されるので、お話の中でアイデアが出ることもあります。フェアと連動してトークイベントなどを行うことも多く、それも各担当者が仕切っています。

　文芸のジャンルは特に作家さんなどを招いて行うトークショーなどが多く、私も翻訳家の方のイベントを担当したことがあります。そのときは、2カ月ほど前から出版社の担当編集者さんと相談して、何度か打ち合わせをして、タイトルや内容を決めて、告知用のチラシを印刷してもらって……と、少しずつ準備を進めていきました。都内の店舗には著者の方が編集や営業の担当者さんとあいさつに来られることも多いので、作家さんにお会いできる機会もあります。あこがれの作家さんと直接お話できると、この仕事をしていてよかったな（笑）と思います。本を買うだけならネットショッピングのほうが早いので、書店に足を運んでもらえるように魅力のあるフェアやイベントをもっと手がけたいです。

　本を扱う仕事には出版社、印刷会社、取次会社、書店、図書館などがありますが、いちばん読者に近い立場で本にかかわれるのが書店員ではないでしょうか。私は本だけではなく人も好きなので、たくさんの人と接しながら本の魅力を伝えられる、この仕事が大好きなんです。

書店の文芸書担当になるには

どんな学校に行けばいいの？

　特別な学歴や資格、免許などは必要ないが、大手の書店では就職試験を受けて入社するのが一般的。中小の書店では欠員が出たときなどに募集が行われることが多い。日ごろからたくさん本を読み、お客さまが求めていることを察し、目的に合った本を選んでおすすめできる専門知識が求められる。

どんなところで働くの？

　書店の文芸書売り場で働く。町の小さな書店では、一人の書店員が多くのジャンルを担当することもある。売り上げアップのため、本を紹介するポップをつくったり、趣向を凝らしたブックフェアなどを実施したりすることも。都心の大型書店では作家のトークショーやサイン会といったイベントも行う。

Chapter 2　書店ではどんな人が働いているの？

働いている人にInterview! ②

書店のコミック担当

見せ方を工夫して
コミックの魅力を伝え、
売り上げにつなげる。

著者撮影

平田亜弓(ひらた あゆみ)さん

ジュンク堂書店
池袋本店

北海道(ほっかいどう)の大学の農学部で学び、環境(かんきょう)関連の仕事も考えたが、書店で働くことを選択(せんたく)。札幌(さっぽろ)店で研修を受けた後、池袋本店に配属。「売りたいと思って仕掛けたものが実際に売れるとうれしいです」

Interview!

書店のコミック担当ってどんな仕事？

新刊本や話題の本などを棚に入れ、古い本と入れ替えるなどして棚づくりを行う。コミックはシリーズで発刊されているものが多く、扱う本の点数が多いため、売れ行きを予測した在庫管理や発注、返品をしなければならない。力仕事の側面もあるので、ある程度は体力をつけておいたほうがよい。

担当する棚は自分で考えて棚づくりをする

　私はコミックの担当をしています。配属が決まってからの3カ月間は、本にシュリンクという透明のフィルムをかけて棚出しをしながら、どんなものが動いているのか、どのくらいの冊数を扱うのかなどを体感しながら覚えました。最初に任されたのは、ジャンプ、サンデー、マガジンといった少年マンガの週刊誌で連載されている作品など、いちばん売れる棚。在庫の数や動きに合わせて、どのタイミングで何冊くらい発注すればよいのかが全然わからず、先輩に教えてもらいながら、自分でも探りながらの作業でしたね。その後、コアなファンをもつ出版社の棚を担当するようになり、こちらから仕掛けるとお客さまも反応してくれるのが楽しかったです。そして、少女マンガの担当になりました。

　池袋本店のコミック売り場に来てくださるお客さまは男性のほうが多く、女性向けの作品は売り上げが伸びにくい傾向があります。また、少年・青年向けの作品は女性にも売れますが、少女マンガは男性には買いづらいようで、売り場規模も小さくなってしまいます。基本的に任された棚は自分で考えて棚づくりをするので、少女マンガの棚はかわいい雰囲気にしたり、華やかな感じにしたり、見せ方を工夫しています。また、人気のある作品や売りたい作品は手前に置いたり、通路側に置いたりして自然と目に入るようにしていますね。面陳にする（表紙を見せて陳列する）ときも、私の身長がだいたい160センチで女性の平均くらいなので、自分の目線で見えやすい位置になるよう心がけています。

あと、コミックはシュリンクがかかっていて中身が見られませんが、「いいお話なのに表紙が目立たないな」とか「中の絵のほうがかわいいな」などと思うときには、試し読みを用意します。出版社でつくった冊子を置くこともあれば、見本用に途中まで開いた本を置くことも。女性は内容が気に入ったものを買いたいという傾向が強いので、実際に手に取って納得してから購入してもらうきっかけになればと思います。

アニメ化、ドラマ化作品の扱いは重要

コミック売り場は社員3名、契約社員とアルバイト、合わせて15名で担当しています。青年、少年、ゲーム画集などのジャンルに分かれていますが、少女マンガの棚づくりは私が一人でしています。お客さまから担当以外のジャンルについて聞かれることもあるので、「最近これが動いていて、問い合わせも増えている」「雑誌の連載が始まったので売れるかも」といった情報交換は、常にスタッフ同士でしています。

コミックは一冊の単価が低めなので、たくさん売ることが求められます。お客さまの来店人数は多く、まとめ買いをされる方もいて、扱う点

ポスターやポップ貼りはセンスよく

数が多いぶん、仕事量も多くなります。ほかのフロアよりも効率よく動かなければならないため、体力勝負というところもありますね。

特に忙しくなるのは、アニメ化やドラマ化などが決まった作品を扱う時期。テレビ番組が改編される1、4、7、10月には新しく始まる番組に合わせた棚づくりをします。出版社はコミックの在庫をあまり持たないので、取次会社から必要なぶんを届けてもらいますが、タイミングを逃すとなくなってしまいます。売れれば増刷されますが、店頭で品切れにならないように各巻100冊ほど在庫を持っている必要があります。30巻まで出ている本なら計3000冊。

書店のコミック担当のある1日

9時30分	朝礼。
9時40分	雑誌の新刊出し。
10時	開店。接客。本にシュリンクをかけて棚出し。ポップをつくって棚の飾りつけをしたり、見本を準備して見やすい場所に置いたりもする。
13時	昼食。
14時	接客。ファックスや注文書の処理。新刊と追加の発注。
16時	週末に予定されているサイン会の準備。お客さまからの問い合わせへの対応。
17時	レジ業務(各フロアの担当者が順番にレジに入る)。
18時	業務終了。帰宅。

※朝番の場合。

納品されたコミックを棚に並べます

Chapter 2 書店ではどんな人が働いているの？

それをシュリンクしてストックしておかなければなりません。

ふだんはコミックをあまり読まないお客さまも探しに来られるので、なるべくフェア台をわかりやすい場所において、売れたらマメに補充します。事前に準備できるものはいいのですが、トーク番組で芸人さんが紹介した本の問い合わせが爆発的に増えたりすることもあります。そのような場合は迅速に対応しなければならず、大変ですね。

人と人とのつながりが密な仕事

いろいろな業務のなかでも、私がいちばん大事だと思うのは接客です。「こういう本ある？」と聞かれたとき、パッと答えなければいけないのですが、なかなか出てこなくて、あとで「あの本をご案内すればよかった」と思うこともありますね。お客さまによって求めるものが違うので、それを敏感に感じ取れるようになりたいです。

特にうれしいのは、自分が売りたいと思って仕掛けたものが、実際に売り上げにつながったとき。今も知名度はまだ高くない新人の作家さんの作品で推したいものがあって、少し多めに仕入れて目立つところに置

ポップ書きも大切な仕事です

Interview!

いていたら、じわじわと売れてきているところなんです。

　書店の仕事は人と人とのつながりが密で、人の手で売っているんだなと感じます。発売前に出版社の担当者の方が送ってくれたゲラ刷りを読んで感動し、力を入れようと思うこともありますし、出版社さんが表紙案で迷われたときに「店頭に並べてみてもいいですか？」と頼まれて、実際にいくつかのデザインを並べて「こちらのほうが映えますね」などと話し合うことも。取次の方も毎日のようにまわってくださり、情報を教えてくれたりします。作家さんもイベントに来られたり、展示用のイラストやサインを送ってくださったりと、ほんとうにありがたいです。

　サイン会も月に1、2回は実施していますが、人気の作家さんは問い合わせが多くて電話対応も大変。当日はその場で絵も描いてくださるので、一人1、2分の予定が5分くらいかかることもあります。作家さんが気持ちよくサインができ、お客さまに気持ちよく帰っていただけるように、私たちが臨機応変にうまく対応することが求められますね。

　今後の目標としては、出版社の方や作家さんにも協力いただいて、ブックフェアをやってみたいです。それには魅力的に感じてもらえる企画を考えるのはもちろん、率先して取り組む行動力も必要だと思います。

書店のコミック担当になるには

どんな学校に行けばいいの？

　大学卒業、高校卒業などの条件がある場合もあるが、学歴や資格などは特に必要ない。ジャンルを問わず、本はたくさん読んでおいたほうがよく、アニメやテレビドラマ、映画などにも興味がある人に向いている。いろいろな人とかかわる仕事なので、コミュニケーション能力も必要といえる。

どんなところで働くの？

　書店のコミック売り場で働く。大型書店では、青年、少年、少女、4コマ、ゲームなどジャンルが細かく分かれていることもある。お客さまの目に留まりやすいポップをつくったり、アニメ化やドラマ化に合わせたフェアや、マンガ家を招いてのサイン会といったイベントを企画して行ったりもする。

Chapter 2 書店ではどんな人が働いているの?

働いている人に Interview! 3
書店の芸術書担当

ビジュアルを活かした展示で
幅広(はばひろ)いお客さまに
芸術書を知ってもらう。

下田裕之(しもだひろゆき)さん

**ジュンク堂書店
池袋本店**

学生のころから書店めぐりが趣味(しゅみ)。現在はフロア長を務めるとともに、新店舗(てんぽ)の準備などにもかかわっている。「書店の役割は楽しんでもらうこと。いい本をどんどん紹介(しょうかい)していきたい!」

Interview!

▶ 書店の芸術書担当ってどんな仕事？ ◀

芸術書の選書・注文を担当し、棚づくりや本の管理を行う。どのジャンルでも本の並べ方は重要だが、特に芸術書はビジュアル的にどう見せるかを工夫することが売り上げに大きく影響しやすい。そのため、お客さまを売り場に呼び、本を手に取ってもらうための企画力や演出力が必要といえる。

好きなジャンルだけにバランスが難しい

　入社して最初のうちは、書店の業務を身につけるだけで精いっぱいという感じでした。でも、芸術書の担当に決まったときは、自分の得意なジャンルだったので、がんばろうと思いましたね。中高生くらいから未来派やダダ、ポップアートなどの20世紀のアヴァンギャルド芸術に興味がありましたし、バンドをやっていて音楽も好きだったんです。

　ただ、一読者だったときは、自分の好きなものだけを追いかけていればよかったのですが、仕事ではそうもいきません。自分が好きなジャンルだけに思い入れが強すぎて、選ぶものが偏ってしまったりもします。自分の色も出しつつ、幅広いニーズを取りこぼさないようにしなければならず、バランスを取るのに苦労しましたね。

　いろいろな出版社の方と話したり、売り場でどんなものが売れるのかを実感したりしていくうちに、しだいにうまくできるようになってきたかなと思います。もちろん今もまだ勉強中ですが、このように努力すればいいのかなというのがつかめてきたのは、3年目くらいからですね。

　ぼくの場合、前任者が退職したため、かなり早い段階で芸術書のある9階のフロア長を任されたんです。引き継いだときは経験も浅く自信はなかったのですが、「とにかく、がんばるしかないな」と。池袋本店はほかのフロアにも先輩がたくさんいるので、扱うジャンルは違っても共通する業務は多く、わからないことは質問しながら仕事ができました。恵まれた環境だったので、短期間で成長できたのだと思います。

Chapter 2　書店ではどんな人が働いているの？

棚づくりはビジュアルを重視して

　芸術書は本のサイズや形がバラバラなので、棚は見栄えよく整えるように心がけています。また、店内の壁に写真やイラストのパネルを展示するなど、ビジュアル展開をすることが多いのも特徴です。池袋本店のフロアには広いスペースがあるので、だいたい常に3〜4種類の企画を立てて展示しています。そのような企画を考えるのも大切な仕事です。

　たとえば、パネルを20枚展示したいという話になったら、出版社の担当の方や写真家さんと「どのような写真を展示しましょうか」といった相談をして、具体的に写真を選んで決めます。ときには、イラストの原画を展示するようなこともあります。

　芸術書は書店によって力を入れている店舗と、ほとんど扱っていない店舗の差が大きいジャンルです。都内でも池袋という土地は特別アートに強い土地ではないのですが、当店は全国でも芸術書の充実度が高い店舗だと自負しています。ただ、せっかく本をそろえていても、ただ並べておくだけで売れるわけではありません。自分がいいと思うものをどんどん紹介していくことが必要です。池袋本店には子ども連れの方から年

棚を整える作業

Interview!

配の方までいろいろな世代の方が来てくださいますし、芸術系に関心の高い人もいれば、そうではない人もいます。たとえば、動物写真などのパネルを出していると、ふだんはあまり写真集を買わない方でも「わぁ、かわいい」と反応してくれます。そういった効果的な展開をねらうのもひとつです。

一方、一般(いっぱん)の人は知らないようなメジャーではない映画作品について書かれた本に注目してもらうため、パネルを展示したり、DVDの映像を流したりすると、「こんな作品もあるんだ」と興味を示してくれたりもします。それで実際に本が売れたときは、手ごたえを感じますね。

書店の芸術書担当のある1日

14時30分	出社。朝番のスタッフからの伝達事項を確認。
15時	接客をしながら、その日に届いた本を検品して棚入れする。
17時	これから行う予定のイベントやフェアについて出版社担当者と打ち合わせ。どんな企画にするか、いつまでに何が必要かなどを詰めていく。
19時	新店舗の開店準備について、現地のスタッフや取次担当者などと電話で打ち合わせ。作業の進行予定やどんな本を仕入れるかなど具体的に決めていく。
21時	接客をしながら、商品を選んで発注する。
23時	業務終了。帰宅。

※遅番の場合。

納品された本を並べます

そもそもアートが好きな限られた人だけに売るなら、別のやり方があります。でも、誰にでも入りやすい店内で、いろいろな本が入り混じった棚を見てもらって、ほかのお店には置いていないような本をビジュアルも含めて紹介する。それは、これだけの規模の売り場がなければ難しいですし、だからこそこの場所でやる意味があると思うんです。自分が思い入れをもって並べる本もありますが、自分も知らなかったいい本を多くの人に手に取ってもらえるよう、お店の特性を活かしてプレゼンテーションしていく作業はとてもおもしろいです。

新しくオープンする店の準備にもかかわる

ぼくは全国各地で新しい店舗をオープンさせるときの棚づくりや発注業務にもかかわっています。新店舗の芸術書の選書（本を選ぶこと）と発注は、もう一人の担当者と分担しながら行っています。お店の規模にもよりますが、棚の図面をつくってどんな商品展開をするのか考えて出版社に本を注文し、その後現場に赴き、売り場をつくっていきます。また、オープンした後はどのように店舗を運営していくのか、といった細

棚づくりについて同僚と打ち合わせ

Interview!

かいところも現地のスタッフと話し合い、お店の業務がスムーズにまわっていくためのシステムづくりまでをしています。

すでにあるお店で働く場合は、先輩から仕事を教えてもらいながら覚えることができます。しかし、まったく新しいお店をオープンするときは、ゼロからのスタートになります。自分が動かなければ何も始まらないという責任も重く、プレッシャーもありました。でも、お店が生まれて育っていく過程を見ることができて、すごく勉強になりますね。

何年か経験を積んでからは、新人スタッフが多い店舗などに行って、指導も行っています。たとえば、どのような本が売れ筋で、どうやって売るのが効果的かを知ってもらったり、その地域ならではの販売戦略を考えてもらったり。基本的な業務は覚えることができても、ある程度経験のあるジャンル担当者でなければわからないこともあるので、それを地方の店舗のスタッフに伝えているんです。

インターネットでも本は買えますが、書店の役割は実際に手に取って楽しみながら本を選んでもらうことだと思います。気軽に立ち寄ってもらい、これまで知らなかった分野にも足を踏み入れてほしいですね。そのために、これからも工夫しながら売り場を展開していきます。

書店の芸術書担当になるには

どんな学校に行けばいいの？

　大学卒業、高校卒業などの条件がある場合もあるが、特に学歴にはこだわらない書店も多い。正社員、契約社員、アルバイトなどさまざまな働き方もでき、アルバイトから社員に登用されるケースもめずらしくはない。芸術書を担当したいなら、関連する本を読むほか、芸術作品などにもふれておくといい。

どんなところで働くの？

　書店の芸術書売り場で働く。大型書店には専門の売り場や棚があることが多いが、あまり規模の大きくない書店では専門の棚はないこともある。芸術書は装丁のデザインにも凝ったものが多く、棚づくりやフェアなどにおいても見せ方が大切なので、ふだんから芸術的なセンスをみがくことも大事。

Chapter 2 書店ではどんな人が働いているの?

働いている人に Interview! ④

書店の店長

よりよい店舗づくりのため、
責任者としてスタッフをまとめ、
リードしていく。

中村洋司さん
(なかむらようじ)

ジュンク堂書店
池袋本店

入社後、神戸北町店、三宮店、天満橋店、大阪本店、西宮店、福岡店、新宿店、渋谷店に勤務した後、2011年から池袋本店へ。店長歴は10年以上。「みんなが協力し合って、お店が動いている。日々そう感じます」

Interview!

書店の店長ってどんな仕事？

店舗の責任者として、人・モノ・お金の管理を行う。スタッフの意思を統一し、まとめていくのも大切な仕事。ほかの店舗の店長、出版社や取次会社などの担当者、ビルの管理などにかかわる業者など、さまざまな人と連絡を取らなければならないので、コミュニケーション能力は欠かせない。

店長の担当する業務は幅広い

　店長の仕事は、ひと言でいえば雑用係ですね（笑）。店舗を運営していくためには、人とモノ、お金が大事ですので、働く人の調整、商品の管理、売り上げの計算などを行うのはもちろん、ビルの管理やゴミ捨てまでやりますよ。お店の規模が大きくなればなるほど、雑務も増えます。

　池袋本店の場合は９階建てのビルが丸ごと店舗となっていますが、店内のトイレが故障したり、電球が切れたりして、内線がかかってくることはよくあります。自分で対応できるものはしますし、必要な場合は専門の業者を呼んで、来てもらうこともあります。また、定期的に消防訓練を実施して、その内容を報告しなければならないので、防火管理者や東京都の自衛消防技術試験の資格ももっています。

　ジュンク堂書店の社員は、売り場の棚を担当することを希望する人が多く、長く勤めても店長になりたいという人はあまりいません。ぼくも入社してから７、８年間は棚を担当していて、西宮店で店長になりました。店長の仕事をやってみると、棚を担当するのとは違ったおもしろさがあります。たとえば、限られた分野の棚だけではなく、広い範囲を担当できますし、自分なりに店全体のコーディネートを考えたりもできます。売り場に完成形というものはないので、常によりよい棚づくりを考えて、進化させていくことになります。

　最近ではシステム化が進んで、売り上げ状況と在庫情報によって自動発注もできるようになり、以前より店舗の運営がしやすくなりました。

Chapter 2　書店ではどんな人が働いているの？

お店はいろいろな人たちに支えられている

　売り上げについては、立地的に何もしなくても売れる店舗もあれば、がんばっても難しい店舗もあり、社内的には売り上げ実績での評価はあまりよくないという考え方があります。しかし、経営していくうえで数字はもちろん大事ですので、いつも目標達成に向けて努力しています。いくら出版業界の状況が厳しくなっているとはいえ、前の年より売り上げが下がってしまうようでは困りますからね。そのためには、お客さまに満足していただけるサービスを提供するよう、スタッフ間の意思統一を行うことも必要です。また、書店というのは魅力的な本がなければ売れませんので、出版社の方に売れる本を出していただきたいですし、ここに置いてもらいたいからいい本をつくりたいと思っていただきたい。そして、一生懸命売るというのが、ぼくらにできることですよね。

　お店づくりとしては、お客さまのニーズが多いジャンルを充実させたり、本の配置を見やすいように工夫したり、それぞれの担当者と相談しながら考えて、少しずつ変えていっています。ニーズは時代によっても変わってきますし、ちょっと売れ方がおもしろいなと思うものがあれば

店内を見まわり、書店員にようすをたずねます

Interview!

注目して、もっと売れるように仕掛けたりもします。

　池袋本店のスタッフは現在、社員が約40人と契約社員、アルバイトを含めると、300人くらいいます。直接話をしないと、顔と名前が覚えきれないので、時間があるときは各フロアをまわって、何か困っていることがないか聞いたりもしています。アルバイトは大学生が多く、卒業したり辞めたりする人がいると、新しい人を採用しなければなりません。各店舗のスタッフを採用するときの面接は、基本的に店長が行うことになっているため、ほぼ一日中、応募者の方と面接をしている日もあります。

書店の店長のある1日

9時30分	出勤、朝礼。前日の売り上げ報告、連絡事項の確認。
10時	開店。入り口でスタッフとともにお客さまのお出迎え。
11時	情報交換をしながら店内の各売り場を巡回。スタッフから日々の業務のことなどで相談を受けたり、店内で改善するべきところがあったりすれば、解決策を考えて実行する。
13時	アルバイトスタッフの面接。
14時	昼食。
15時	イベントの打ち合わせ。担当者と話し合って、実施内容を最終的に判断する。
16時	忙しい時間帯などを中心にレジカウンターに入り、レジ業務のチェック。
17時	各売り場から上がってきた伝票や書類のチェック。
18時	業務終了。帰宅。

※朝番の場合。

レジカウンターで対応を見守ります

採用の基準としては、書店も小売業ですから、お客さまの対応をするのに向いているかどうかと、やはり商品である本にどれだけ興味があるかを重視しています。アルバイトでもその人の得意ジャンルを考慮して、できるだけ適材適所ということを心がけています。

「決める」ことを求められることが多い

書店に限らないでしょうが、店長というのは決定権がある立場なので「決めてください」と要求されることが多いですね。必要に応じていろいろなことを決めなければならず、それが難しいけれど大事なことです。二つのやり方があって、「どちらですか」と聞かれたら、ぼくの場合、なるべくみんながむだなことをしなくていいように効率的なほうを選ぶのが基本です。何をするにも、手間はかからないほうがいいでしょう？

トラブルがあったときに「どうすればいいですか」と相談を受けたり、呼び出されたりすることもありますね。「買った本が破れていました」など商品を交換してすむこともあれば、「接客態度がよくないから、ちゃんと教育してください」などと言われることもあります。ていねいな

９階建てのジュンク堂書店池袋本店

Interview!

対応を心がけているつもりですが、お客さまの感じ方も人それぞれで、満足していただけないこともあるのです。でも、不満があったときに言っていただくことで、ぼくらも気をつけなければと思えるわけです。

最近、お客さまをお待たせする時間を短縮するために1階のレジの台数を増やしたり、6階と8階の売り場の一部を入れ替えたり、少し規模の大きな改装とレイアウト変更を行いました。その間は、多くの人にご協力いただいたので、無事に終わったときはほっとしました。一人ではできないことばかりですので、みんながまとまって力を発揮できたり、協力し合って何かをやり終えたりしたときは、店長としてやりがいを感じますし、スタッフに感謝しなければと思います。

書店に来るお客さまは、本を買うだけでなく何か求めているものがあると思うんです。ジュンク堂書店は、店内に椅子を設置して座ってゆっくり選べますし、目当ての本以外にも別の本を手に取ってもらえるような棚づくりをしています。

これからも「書店は楽しい」「何か新しい発見がある」という気持ちを絶やさずもってもらうにはどうしたらいいか、みんなでアイデアを出し合って方法を考えていきたいですね。

書店の店長になるには

どんな学校に行けばいいの？

学歴や資格などは特に必要ないところが多いが、店長候補として面接や試験が課されることもある。書店員として売り場の担当を何年か経験し、ひと通りの仕事ができるようになってから、向いていると判断されれば、新規店舗がオープンするときや前任者が異動したときに店長として登用される。

どんなところで働くの？

書店の規模はさまざまだが、店舗の責任者として働き、人材の採用や育成から売り上げの管理まで、あらゆる業務を管理する。売り場の担当者と話し合って魅力ある棚づくりをしたり、イベントを予定通りに実施できるようにしたり、何か問題があれば対策を練って解決したりもしなければならない。

Chapter 2　書店ではどんな人が働いているの？

▶ **書店にまつわるこんな話1**

日本の本屋さんの歴史

　日本ではじめて本屋さんが開業したのは、15世紀の室町時代末期といわれている。京都で創業した「絵草紙屋」が本屋さんの原型で、手書きの絵や短い文章が入った読み物などが売られていたそうだ。

　1590年代には朝鮮から活字の印刷法が伝わり、豊臣家や徳川家をはじめ、寺院などでも多くの活字版がつくられるようになった。その後、江戸時代初期にあたる1630年代の京都では「物の本屋」とよばれる業者が現れた。京都の本屋さんはしだいに増えて、やがて大坂や江戸にも登場した。江戸時代の本屋さんは、編集、製版、製本などを行って本を出版することから、他店の出版物を仕入れて販売することまでを行い、同時に古本の売買や貸本も兼業するのがふつうだった。現在の出版社、取次、新刊書店、古書店の仕事をすべて一軒で行っていたのだ。

　京都の書店には老舗が多く、幕府や大名などと深く結びついていたが、一方で新しくできた大坂の書店は一般大衆を読者とし、当時の出版界に革命を起こした。1682（天和2）年には井原西鶴が『好色一代男』を大坂と江戸で同時に出版し、それがベストセラーになったのをきっかけに「浮世草子」とよばれる小説が流行した。1703（元禄16）年には近松門左衛門作の『曽根崎心中』が初演され、浄瑠璃本が全国で大人気となった。

　その後、1716年からの享保年間のころから出版の中心は江戸へと移り、現代のマンガのような絵入りの読み物である「草双紙」などはその土地特有の出版物という意味で「地本」とよばれた。そして、取り扱う書物の種類によって、仏教、歴史、古典文学、医学、教養などの本や漢籍（中国の本を和訳したもの）を扱う店は「書物

問屋」または「書林」「書肆」などとよばれ、草双紙(おとぎ話や怖い話)、人情本(恋愛などをテーマにした読み物)、浮世絵(色鮮やかな絵画や版画)など娯楽的な本を扱う店は「地本問屋」とよばれて区別されるようになった。19世紀半ばの江戸には地本問屋は150軒近くあり、本が買えない庶民が多く利用した貸本屋さんも800軒ほどあったといわれている。店舗がなくても、たくさんの本をかついで得意先を回る貸本屋さんも多かったという。

　本屋さんのあいだでは早くから同業者が集まって「本屋仲間」という組合もつくられ、加入しなければ本を売ることができなかった。本屋仲間は幕府から公認されると、ほかの本を真似てつくったものがないかなど、出版される本の内容について調べることも義務づけられた。

　明治時代になると、活版印刷が普及して新聞や雑誌などの新しいメディアが生まれたほか、貸本屋さんに代わって図書館が誕生した。明治中期以降には多くの雑誌が創刊され、販売の増加にともなって専業の取次業者があらわれ、出版社・取次・書店からなる委託販売・再販制のシステムが整った。以後、日本の経済発展に合わせて、出版業界の規模も大きくなり、1988(昭和63)年には書店の数もピークに達した。

書店にまつわるこんな話2

書店で使われている専門用語

● **平積み**
目につきやすくするため、低い位置に本の表紙を上にして、積むこと。新刊など多くの人に注目してもらいたい本で行う。

● **面陳（めんちん）**
本を棚に立て、背ではなく表紙を見せて陳列（ちんれつ）すること。「面出し」ともいう。目線の高さに並（なら）べられるので目立ちやすいが、多くの本を置くことはできない。

● **棚差し（たなざし）**
本の背表紙を見せて棚（たな）に並（なら）べること。「背差し」ともいう。多くの本を並（なら）べられるが、ほかの方法よりも見逃（みのが）されやすい。

● **オビ**
その本のキャッチコピーや内容紹介（しょうかい）、推薦文（すいせん）などが印刷された細長い紙のこと。一般的（いっぱん）に表面のいちばん下を覆（おお）うように巻く。本にかけた帯のように見えるため、この名がついた。

● **スリップ**
本のあいだにはさんである二つ折りの伝票のこと。「短冊（たんざく）」ともいう。片側は補充（ほじゅう）注文票、もう片側は売り上げカードとなっていて、注文や売り上げ調査に利用する。最近はレジでバーコードを読み取ると、データが取次会社に送信できるため、使われなくなってきた。

● **シュリンク**
主にコミックの汚（よご）れ防止や立ち読み防止のためにかけられている透明（とうめい）のフィルムのこと。1冊ずつ専用の袋（ふくろ）に入れて、シュリンカーという機械に通すと、熱でビニールが溶けて収縮し、本体に密着さ

せて包装(ほうそう)することができる。

● **売れ筋**
　人気が高く、特に売れ行きがよく、利益を生む本のこと。多くのお客さまが欲しがっているもの。売り切れにならないように確保し、入り口の近くなど、いちばん目立つ場所に並(なら)べるのが基本。

● **死に筋**
　売れ筋の逆で、なかなか売れず、利益を生まない本のこと。多くの書店ではスペースのむだと考えられて返品されるが、専門書店などでは売り場を充実(じゅうじつ)させるために、置かれている場合もある。

● **客注**
　お客さまが予約や取り寄せを希望した本を注文すること、または注文された本そのもののこと。客注が入ると、取次や出版社に在庫を確認して手配する。取次に在庫がないときは本を出版社から取り寄せるため、通常よりも入荷するまでに日数がかかる。

● **拡材**
　「拡販(かくはん)（拡大販売(はんばい)）材料」の略で、本を売るために売り場に飾(かざ)るポスターやポップのこと。看板やパネルのような大きなものもある。出版社が配布するほか、書店員が手づくりすることもある。

● **ストック**
　店頭には並(なら)んでいないが、在庫として保管されている商品のこと。バックヤードや本棚(ほんだな)の下の引き出(だ)しなどに入れられている。

● **ISBN**
　International Standard Book Numberの略。日本語に訳すと「国際標準図書番号」。注文処理や在庫管理をコンピュータで処理するための世界共通の仕組みで、13桁(けた)の数字で国や出版者、書名などを表している。

Chapter 3

書店を
支えるために
どんな人が
働いているの？

Chapter3　書店を支えるためにどんな人が働いているの？

書店を支える仕事を

書店の中には本の仕入れや
学校や図書館などへの販売を
専門にしている人もいれば、
ネット販売を担当する人などもいる。
また、書店に本が並ぶまでには
取次という流通業者を介している。

　書店の見学を終えた村上くんと島本さんは、車に乗って移動し、少し離れた場所にあるふくろう堂書店の本社ビルを訪ねた。

＊　＊　＊

本社でも一括で本を仕入れている

見学係「ここからは、書店を支えている本社で働く人たちを紹介しますね」

仕入れ担当「こんにちは。よくいらっしゃいました。書店のほうはもう見学されましたか？」

島本さん「はい！　書店員さんの仕事をじっくり見てきました。ところでここでは、どんな仕事をしているのですか？」

仕入れ担当「このビルには本社機能が集まっていて、私は仕入れを担当しています。それぞれの店舗でも売り場の担当者が発注業務を行っていますが、売れ筋の本などについては、希望通りに調達することが難しいこともあるんです。そこで、**本社内の仕入れ担当が集約して、一括で仕入れています。**そして入荷したものを各店舗にうまく行きわたるように振り分けて、売り上げや在庫のデータを一元管理することで、売り上げを増やし、返品を減らせるようにしています」

村上くん「どんな本を何冊仕入れるかは、どうやって決めるのですか？」

仕入れ担当「最近は、コンピュータによるPOSデータという販売時点のデータ情報が入るようになり、いつ、どこで、何冊売れたかが瞬時に把握できるため、売り上げ動向がつかみやすくなりました。ただし、データばかりに頼ってしまうと、どこの書店でも同じような品ぞろえになりがちです。売れ筋の本はなるべく品切れにならないようにしなければなりませんが、反対に知っている本ばかりが並んでいても、つまらないですよね？」

島本さん「書店に行ったら、『こんな本もあるんだ！』っていう発見もしたいです」

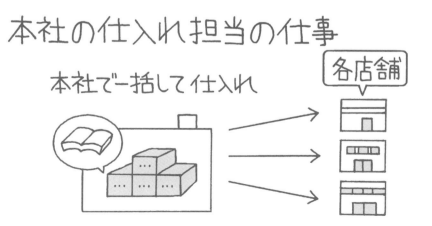

Chapter3 書店を支えるためにどんな人が働いているの？

本や雑誌が書店を通して私たちの手に届くまで

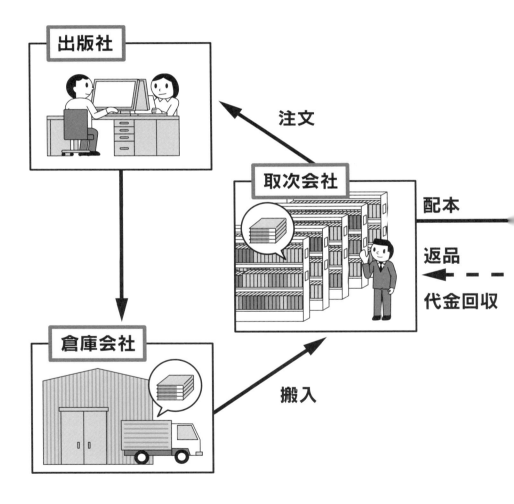

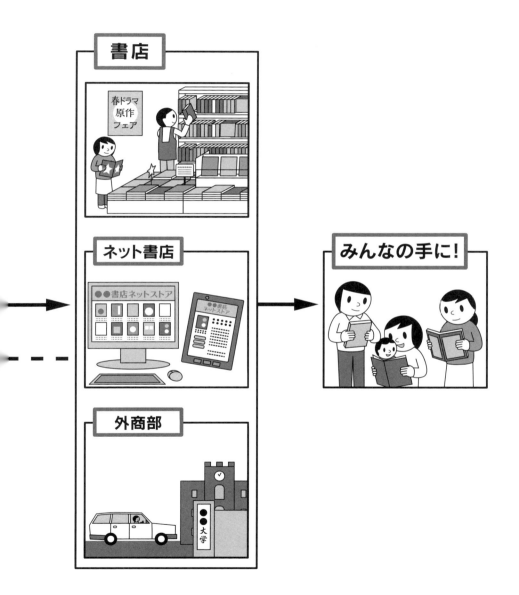

仕入れ担当「ですから、データは参考にしつつも、お客さまのニーズに合わせて、店ごとに特徴のある品ぞろえができるように心がけているんですよ」

村上くん「ぼくも個性のある書店が増えるとうれしいです」

見学係「あっ、ちょうど学校や図書館に本を売っている外商の営業がいるので、紹介しますね」

学校や図書館をお客さまとする外商の仕事

島本さん「書店のお客さまは、一般の人だけではないんですね」

外商の営業「私たちは、**大学や専門学校、小中高等学校、公共図書館、美術館や博物館、企業の研究部門**などに定期的にうかがって、**本や資料、教科書などを販売しています**」

村上くん「へぇ。ぼくたちが学校の授業で使っている教科書も書店から買っているんですね」

外商の営業「そうなんですよ。**教科書や教材は、生徒さんの人数分を授業が始まる前にそろえなければならないので、責任重大です。**新学年が始まる春の季節は大忙しなんですよ」

> **コ ラ ム** ネット書店の長所とは
>
> 　最近では本をネット書店で買う人も増えてきて、書店の数が減る一方で、ネット書店は順調に売り上げを伸ばしている。ネット通販で買うもののトップは本というデータもある。ネット書店の利点は、書店まで行かなくてもタイトルや著者の名前などで本が検索でき、時間を気にせずにいつでも購入できること。話題の本はもちろん、出版されてからだいぶ経った本でも見つけることができる。特定分野の本を専門的に取り扱うところもある。本を読んだ人からの感想や著者のインタビューを掲載して、新しい本との出合いの場を提供しているところもある。
>
> 　注文してから本が届くまでのスピードも速くなり、コンビニエンスストアで支払いと受け取りができるなど利便性はどんどん高まっている。送料無料のサービスやポイントがたまる制度もあり、ネット書店の競争も激化していきそうだ。

島本さん「図書館の本も書店が売っているんですか」
外商の営業「そうなんです。図書館も蔵書を充実させるために、書店で新刊などを買ってくれているんですよ。司書さんは限られた予算の中で、利用者さんに役立つ本をそろえなければならないため、真剣に選んでいます」
村上くん「ぼくの父も会社で営業の仕事をしているけど、大変じゃない

ですか?」

外商の営業「私は外に出て人と接するのが好きなので、楽しみながらやっていますよ。知識が豊富な先生や司書、学芸員の方などとお話しする機会も多いため、勉強になります。扱う本も、学術書や芸術書、洋書などを含め、専門的で貴重な本が多いです」

島本さん「難しそうな本は、売るのも難しそう……」

外商の営業「何度もお会いして、じっくりとご要望を聞くうち、どのような本を欲しいと思われているのかがわかるようになり、こちらから『こんな本はいかがですか』とか『今度こんな新刊が出たんです』といった提案もできるようになります。そのうち、信頼してもらえるようになると、長いあいだにわたって注文をいただけるようになるんです。**人間関係がとても大切な仕事ですね**」

今後の展開が期待されるネット書店

見学係「つぎはこちらへどうぞ。インターネット書店の運営を担当している部署です」

村上くん「うちの姉はネットショッピングが好きで、この前、ぼくもコ

ミックの新刊を買ってもらいました」

ネット担当「それはありがとうございます。新刊はもちろん、品ぞろえも充実させるように努力していますし、**24時間いつでもパソコンやスマートフォンから注文できる**ので、気軽に利用してほしいと思います。自宅に直接お届けできますから、重い本を持ち運ぶ必要もありません」

島本さん「でも画面から本が注文できるのは便利ですけど、私は表紙だけでなく、中身も見てからでないと、納得して買えない気がするんですが……」

村上くん「知らない本はおもしろいかどうかわからないけど、コミックの新刊は早く続きが読みたかったからね」

ネット担当「ネット書店では一部のページが見られる機能があったり、購入者の感想（レビュー）を募集して、それを購入のさいに参考にできたりするんですよ」

島本さん「立ち読みと同じ感覚で中のページも見られたり、誰かの感想を知ることができたりすると安心ですね」

ネット担当「ネット書店の利用年代は20代がもっとも多いんですよ。利用されている時間帯で多いのは深夜です。学校や仕事が終わってから、

ゆっくり書店に行く時間がない人が利用してくれているのでしょうね。最近ではネット書店もいろいろと増えているので、届くまでの時間を短くしたり、送料を安くしたり、商品の割引や交換ができるポイントがためられたりと、ほかとの差別化を図ってサービスを充実させていく予定です。これからは実店舗とネット書店を上手に使い分けてもらえればと思います」

出版業界には欠かせない取次会社の役割

　本社のビルを出た3人は、再び車に乗って移動をすることに。訪れるのは取次会社のオフィスだ。
見学係「ここが最後の見学場所、取次会社です」
村上くん「取次会社ってはじめて聞きます。どんなことをしている会社なのですか？」
　取次会社の社員「取次会社というのは出版業界特有のもので、**出版社と小売書店のあいだに立って、本や雑誌を取次販売する業種のことです。**本や雑誌は『出版社→取次会社→書店』という流れで読者の手に届きます。取次会社は一般の卸売業に該当する、出版業界の

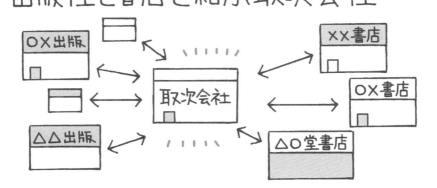

問屋みたいなものですね」
島本さん「どうして、出版業界だけに取次会社があるのですか？」
取次会社の社員「それは、出版物は基本的に委託販売制で、書店に送品された本や雑誌をまた出版社に返品することができるからです。**一年間に新しく出版される本や雑誌は７万点以上もあり、一日あたりで考えても約200点。**書店ですべてをチェックして、どれを何部仕入れるか考える余裕はないのが正直なところです」
島本さん「確かに全部置くわけにはいかないですね」
取次会社の社員「商品の送品や返品などの物流面にも労力とコストがかかってしまいます。そこで出版社から新刊を仕入れて、私たちのような取次会社を通して、全国の書店へ流通させているのです。これを配本と呼びます。出版社は新刊が出るとき、取次会社へ見本を持って来社し、仕入れの交渉を行います。これを部決などといいます」
島本さん「部数はどうやって決めるのですか？」
取次会社の社員「似ている本の売り上げデータや著者の知名度、広告やキャンペーンなどの販促活動をどれだけ予定しているかといったことでしょうか。いくら全国の書店にたくさん並べたいと言われても、売れなければ書店から戻されてしまうので、返品率のことも考えて適正な部数

一年間に出版される本や雑誌は膨大！

一年間に７万点以上

一日あたり約200点

Chapter3　書店を支えるためにどんな人が働いているの？

にしなければなりません。**それぞれの書店にどれだけの部数を割り振るかの最終決定権は、取次会社にあるので、重要なポジションなんですよ。**あとは流通させるために必要な決まりごとがあるので、著者名や価格、ISBN（→63ページ）などの情報が抜けていないかの確認もします」

島本さん「新刊が書店の店頭に並ぶまでには、いろいろな過程があって大変なんですね」

取次会社の社員「基本的な流れを説明しますと、まずは出版社から取次会社へ『今度、こんな本が出ます』という新刊の情報を伝えます。そして、出版社は書店に対して、新刊の事前受注を受けつけます。新刊の見本ができると、出版社は取次会社の仕入れ窓口へ見本を持って向かい、何部仕入れてもらえるのか交渉。後日、取次会社より決定部数の連絡がきます。本ができあがると、決定された部数が取次会社へ搬入され、書店へ納品、店頭に並ぶという流れになっています」

村上くん「取次会社って、出版社と書店のあいだを取りもっているんですね」

取次会社の社員「**代金の支払いや請求などの金融面、売り上げデータの把握などの情報面でも、取次会社が書店と出版社のあいだに入って、スムーズにやりとりできるようにしています。**出版業界を支える裏方的な

 **ここが大切!**

新刊が書店に並ぶまで

書店での本の販売は、一般的に取次会社を通して行われている。出版社→取次会社→書店という流れは「正規ルート」とも呼ばれ、本や雑誌の7割ほどはこのルートを通って読者のもとに届く。新刊が書店に並ぶまでの流れは、簡単な図で示すと右のようになっている。そのほか、ネット書店やコンビニエンスストア、生協・農協、駅の売店などさまざまな流通のルートがあり、そのようなルートの多くにも取次会社がかかわっている。

- 新刊の情報を取次会社に伝える
- 書店に対して事前受注を受けつける
- 新刊の見本を用意する
- 部数を交渉し、決定する
- できあがった本が取次会社へ搬入される
- 書店へ納品され、店頭に並ぶ

部分が大きいですが、これからはリーダーシップを取って、書店や出版社のみなさんといっしょに、売れる本づくりにかかわれたらうれしいですね」
島本さん「ほんとうにそうですね。楽しみにしています」
村上くん「今日はどうもありがとうございました」

代金の支払いや請求までも受けもつ出版業界を支えます!

Chapter3　書店を支えるためにどんな人が働いているの？

働いている人にInterview! 5

外商の営業

学校や図書館などをまわって、
本の注文をもらい、
期日までに確実に届ける。

荒巻航平さん（あらまきこうへい）
丸善ジュンク堂書店（まるぜんじゅんくどうしょてん）
外商部（がいしょうぶ）
東京支社（とうきょうししゃ）

学生のころ、書店のアルバイトと図書館でのボランティアを経験。新卒で入社し、みずからの希望通り外商部の営業担当に。「書店そのものをカタログのように活用して、図書館の本を充実させていってほしいです」

Interview!

▶ 外商の営業ってどんな仕事？

　各種学校の図書館や研究室をはじめ、企業、研究機関などの法人を定期的に訪問し、サービスを提供する。リクエストに合わせてリストを作成して選書（本を選ぶこと）のお手伝いをし、注文をいただいた本は確実に届ける。特に、教科書やテキストなどは、授業が始まる前に責任をもって納品しなければならない。

メーンの仕事は大学図書館への営業

　もともと出版社や図書館で働くことを考えていましたが、図書館に出入りして本を売る書店があると知ったとき、流通にもかかわれておもしろいと、外商を希望しました。丸善ジュンク堂書店の外商部は店舗に比べると小さな組織で、全国に10カ所の拠点がありますが社員の募集はめったにしません。ぼくが新卒のときは運よく入ることができたんです。

　主な取引先は、大学図書館や研究所資料室、小・中学校・高校の図書室、公共図書館などで、ほかに官公庁や企業などに行くこともあります。配属されてから最初の2カ月くらいは、先輩といっしょに取引先をまわり、その後は担当をもって一人でまわるようになりました。年間を通して、定期的に訪問して、本の注文をもらって納品しています。現在担当しているのは、吉祥寺や国立あたりの大学が密集している地域なので、一日に7〜10校くらいまわります。同じ大学には週に1、2回行くので、顔なじみのところでは「今週はこれをお願いします」と、注文を用意して待っていてくれます。ぼくたちは、営業と同時に配達もしていて、前の注文分を届けて、代わりにつぎの注文をいただくのです。配送業者が届けることも増えていますが、手渡しをすると喜ばれますね。

　大学に行くと、各先生方の研究室にも訪問して、研究費で本を購入してもらえるようにお願いします。大きな大学ほど間口が広く、用途によって書店を使い分けてくださるのでチャンスがあります。学校が休みの日に、先生が店舗に足を運んで本を選んでくださることもあります。た

くさん買っていただけると、店舗を活性化することにもつながりますので、細かいサービスまで提供していけたらと思っています。

一週間のうち、水曜日だけは内勤日として外まわりはせず、事務的な仕事をまとめてしています。社内で必要な書類を書いたり、顧客の新規開拓に向けての情報収集をしたりするのも大切な仕事です。

教科書販売の時期は大忙し

外商の仕事は年間のうち、繁忙期がはっきりしています。図書館では、年度末にあたる12月から2月にかけては本をたくさん買っていただけるので、それを見越して準備を整えて、注文分を納品します。その後、3、4月は大学や専門学校の教科書販売があるので、もっとも忙しい時期になります。学内に書店や生協がある場合は、そこに置いてもらいますが、そうでなければ出張書店を開くことがあります。教科書とレジを持って学校に出かけて、スタッフみんなが売り子になって販売するんです。教科書は授業が始まるまでに全員の手元にいきわたらなければならないので、責任も感じます。はじめて私立の中高一貫校の担当をしたと

納品の準備

Interview!

きは、全部で2万冊ほどの教科書が必要なのになかなかそろわなくて、休みも返上して働いて、なんとか間に合わせることができました。

　学校が夏休みに入る8、9月は、比較的のんびりしています。この時期に、全国の営業部員が集まって、会議を開いたりします。ほかの部署の人たちからうらやましがられますが、お盆休みも取りやすいですね。

　外商の場合は、一度にまとめて買っていただくより、年間を通して持続的に購入してもらうことが重要です。注文しやすいように、ぼく自身でテーマに合わせた選書リストをつくることもあります。腕利きの書店員が企画するフェアはおもしろいの

▶外商の営業のある1日◀

8時40分	出社。メールチェック。納品の準備。配達する本を仕分けして、詰め込む。
9時30分	会社を出発。
10時	営業先を訪問。曜日ごとに異なるルートを順番に訪問し、担当者と話をする。
13時	訪問先の大学の学食で昼食。
14時	引き続き、ルート訪問。
17時	帰社。メールチェック。伝票処理や見積書作成などの事務作業。翌日の準備。お客さまのニーズに合わせた選書リストづくりなども行う。新規の営業先を開拓するための情報を集めたり、資料を作成したりすることもある。
18時30分	業務終了、帰宅。

これから営業へ向かいます

Chapter3　書店を支えるためにどんな人が働いているの？

で、店舗でいいフェアをやっていたら選書リストづくりに協力してもらうこともあります。そこから多くの本を選んでいただけると、ありがたいですね。個人的に外商の仕事は、同じところを何度もまわって、そのたびに水をまいて、少しずつ育っていくのを見守って、それが実って収穫して……というところが、農業にも似ているような気がしています。

蔵書用の本を選んでもらうイベントが好評

　最近では「選書ツアー」や「ブックハンティング」と称して、大学図書館を利用する学生さんが蔵書用の本を選ぶイベントが人気です。希望者を募集して、書店の中を自由にまわって、自分が読みたい本やみんなに読んでほしい本を選んでもらうのです。学生さんにはカゴいっぱいに本を買うという経験はなかなかないので、目を輝かせながらたくさん本を選んでいる姿を見ると、ほほえましいですね。書店とご近所の大学図書館が連携して、大学生が選んだ本に学生さんのひと言コメントを添えたり、図書館内で開催されたキャッチコピーコンクールの受賞作品を店舗に展示するというフェアも実施しました。学生さんが選んだ本を多く

大学とコラボレーションした棚をつくることも

Interview!

の人に興味をもって見ていただき、おかげさまで好評でした。

　図書館の司書さんからも、実際に手に取って中身を確認してから選びたいという声があるので、店舗に来て選んでもらう機会を増やしています。当社はもともと店舗が主体なので、店舗をカタログのようにして、最大限に活用して選書をしてほしいと思います。書店員が毎日、本の内容まで吟味して流れをくんだ棚をつくっているので、印刷された新刊カタログとは違った選び方ができるはずです。これからは書店と図書館がペアになって、それぞれの魅力が増すような取り組みをやっていけたらいいですね。ぼく自身も図書館が好きで、たくさんの本にふれるうちに、書店でも本を買うようになりました。まずは図書館で本にふれる機会をもってもらい、それから興味のある本を買いに書店に来てほしいです。

　利便性やサービスの向上を考えると、自社独自の在庫を活用して、迅速に手配、納品する仕組みを整えることも大切です。一方で、書店で実際に本を目で見て、手でふれて、選ぶ喜びを改めて感じてもらいたいといつも考えています。書店にどんどん足を運んでもらい、楽しみ方を知ってもらって、お客さまを増やしていくことが今後の目標です。

外商の営業になるには

どんな学校に行けばいいの？

　学歴などの条件は、書店によって異なる。決まったエリアを車でまわって営業活動をするため、普通自動車免許は必要。同じ訪問先に定期的に足を運ぶので、信頼関係を築くことが大切といえる。本を届けるだけではなく、お客さまの求める情報を提供するなど、ニーズに合わせた対応を行っていく。

どんなところで働くの？

　店舗とは別に、図書館や学校、企業など特定のお客さまを訪問して直接お話をし、本の注文をいただき、それを届ける。教科書などは4月ごろに学校を訪れて、出張販売を行うこともある。取引先に行く前の準備や戻ってきてからの事務処理など、社内で行う仕事もいろいろある。

Chapter3　書店を支えるためにどんな人が働いているの？

働いている人に Interview! ⑥
仕入れ担当

出版社の担当者と交渉して、
書店に置きたい本を
必要なだけ仕入れる仕事。

神山千尋さん
（こうやま　ち　ひろ）

丸善ジュンク堂書店
営業本部
仕入販売部

新卒で入社し、サンパル店（現：三宮駅前店）、三宮店、大阪本店、池袋本店での勤務を経て、仕入れの仕事にたずさわるように。「かつてはジュンク堂書店のヘビーユーザーでした。すてきな本との出合いをお手伝いしたいです」

Interview!

仕入れ担当ってどんな仕事？

出版社からの新刊情報をはじめ、テレビや新聞、雑誌、ネットなど情報源を駆使して、仕入れをする。書店によって、本部が一括で仕入れて各店舗に割り振るところと、各店舗の担当者が独自に仕入れるところがある。売れ筋の本を必要なだけ仕入れるには、出版社との信頼関係が欠かせない。

出版社と商談して必要な本を仕入れる

　いくつもの店舗をもつ書店では、本部がまとめて本を仕入れて、それぞれの店舗に割り振るところも多いようですが、丸善ジュンク堂書店の場合、基本的に各店舗の仕入れは現場の担当者が行っています。ところが、配本の数が少なかったり、人気が高かったりする本は、ひとつの店舗では欲しいだけの部数がなかなか手に入りません。そのようなとき、本部として交渉することで、注文をとりまとめて少しでも多く仕入れられるようにするといったことが私たちの仕事です。また、刷り部数の少ない専門的な本でも、当社の品ぞろえとして重要なものは確実に入るよう直接出版社にお願いしたり、逆に、出版社から店舗ごとにではなく全店を含めて「丸善ジュンク堂書店さんで販売に力を入れてもらいたい」と依頼されることもあり、そういったときの窓口にもなっています。

　本来、出版社の営業担当の方と書店の売り場担当者が話をして、何冊置きたいかを決めて、発注すべきですが、当社も含め、書店のなかでも全国展開をするところが増えて、出版社の営業の方もなかなか地方の店舗まではまわりきれません。こちらも待っているだけでは、それぞれの店舗に新しい本の情報が行きわたりません。ですので、本部が代表するような形で、出版社の方と商談をしたり、電話やメールで連絡をいただいたりして、それに対応しています。そこで得た新刊の案内などの情報を落とし込んで、各店舗に流して、それぞれが発注をするときには取りまとめも行います。

Chapter3 書店を支えるためにどんな人が働いているの?

 また、たとえば有名な文学賞を受賞した本は直後にたくさん売れるため、発表後に増刷されることが多いです。どの本が受賞するかはわからなくても、候補作すべてに対して事前に各店舗で何冊くらい必要かという希望を集約しておいて、決まった直後に出版社に発注すれば、おたがいにスムーズですし、いつ配本できるかの予定も立てられるのです。

よい本を調達してお客さまに届けるのが使命

 私は長く書店の現場にいたので、書店員の負担をなるべく少なくして、本を棚に並べて売ることや接客などの仕事に注力してほしいと考えています。そのために、本部にいる私たちはシステムを整えたり、出版社と交渉したり、必要な情報を伝えたりという感じで動いています。

 私たちの使命は、よい本をきちんと調達して、欲しいと思っているお客さまの手に届けることです。売りたくても配本をしてもらえないと困るので、業界の中でのシェアを広げて、「これだけちゃんと売る書店だから、ぜひお願いしましょう」と言ってもらえるよう、信頼を得られるようにしたいと思っています。

出版社の営業担当者と仕入れの商談

Interview!

　出版社から信頼してもらうには、欲しいものだけを欲しがってもダメですよね。出版社はいろいろな本を出しているので、ほかにも売りたいものがあります。それと書店の売り場に入れたいものがピッタリ一致すればいいのですが、そううまくはいかないので、調整が難しいです。

　新規の店舗がオープンするときなどは、常備寄託制度といって本を一定期間預かって販売したいとお願いすることがあるのですが、「売れるかどうかわからない新規店には預けられないよ」と断られてしまうこともあります。そのようなときも、あきらめずに「どうしてもこの本をお客さまに届けたいんです」と説得し

▶ 仕入れ担当のある1日 ◀

8時40分	出社。メールチェック。当日の確認。
9時	部内でのミーティング。
10時	出版社の営業担当者と商談。新刊について聞いたり、どうやって仕掛けていくかを話し合ったりする。
13時	昼食。
14時	引き続き、別の担当者との商談がいくつか続く。電話やメールでの連絡にも対応。
17時	通達文やメールを作成して、各店舗へ送る。出版社から送られてきた新刊の情報など参考になりそうなものがあれば、各担当者にも回覧・転送する。
18時30分	業務終了。帰宅。

書店の棚の品ぞろえのために動くことが神山さんの仕事です

たりもします。長年やってきて、「いっしょに協力して売っていきましょう」という信頼(しんらい)関係がないとできないことだと思います。

最近、残念に思うのは、本が断裁（廃棄処分）されてしまうのが早いこと。新規店にはたくさんの本を仕入れて並(なら)べなければならないので、それぞれのジャンル担当者が１冊ずつ選定して、全体で何万冊という本を発注します。しかし発注してみると、実際に入ってくる数がすごく少なかったりするんです。出版社側でも長く在庫をかかえられないので、仕方がない面もありますが、こんなに減っているのかと残念に思います。

絶版本の復刊を検討してもらうことも

出版業界の特徴(とくちょう)として、出版社の数が多いということがあります。それぞれが新刊を出されていますし、本という形は同じでも中身は多種多様です。同じ出版社や作家さんの本でも、前回出したものが売れたからつぎも売れるとはかぎりませんし、時代や流行にマッチすると突然(とつぜん)売れたりすることもあります。なかなか予測がしきれないのですが、いつもアンテナを張って、吟味(ぎんみ)して選んだ本が売れたらうれしいというのは、

新刊の情報を得て、仕入れの電話をかけることも

売り場を担当する書店員も本部の仕入れスタッフも同じです。

　品切れでほぼ絶版（発行・販売を中止すること）状態になっている本でも、ある専門的なジャンルでは定番のものだったり、その本を中心に並べたいと思うようなものだったりすると、うちとしてはぜひ欲しいわけです。ただ、全国的に見ると必要部数はすごく少ないので、なかなか増刷はしてくれないんですね。そのような場合、「このジャンルの棚を構成するにはその本が欠かせないんです」とお話しして、復刊を検討してもらいます。そういった本は、平台に置いて一気に仕掛けて販売するようなものではなく、長いあいだずっと棚に入れて、1冊売れたら補充するという感じで、何年間もかけてじっくり売ります。本によって、短い期間に売れるベストセラーもあれば、何年も持続して売れ続けるロングセラーもあるのです。

　当社の強みは、充実した品ぞろえです。私個人としては、それぞれの出版社さんの思いを大事にして、品ぞろえのよさに立ち戻りたいという思いがあります。テレビで紹介されたり、賞を取ったりしたものがよく売れる傾向はありますが、それだけではなく、多くの人がもっといろいろな本と出合ってもらえるといいなと願っています。

仕入れ担当になるには

どんな学校に行けばいいの？

　特別な学歴や資格は必要ないが、大学や専門学校などを卒業後、採用試験を受けて入社するケースが主流。現場のことをくわしく知っていたほうがよいため、書店の売り場での勤務を経験してから、仕入れ業務を行う部署に異動することが多い。仕事の内容や範囲は、会社によってかなり異なる。

どんなところで働くの？

　大手書店では仕入れの部署が本部など別の場所にあることも多いが、店舗と同じビル内にあったり、書店員が仕入れ業務も担当していたりすることも多い。会議室などで出版社の営業職の人と商談をしたり、事務所で電話やメールに対応したり、新規店舗で開店準備にかかわったりすることもある。

Chapter3　書店を支えるためにどんな人が働いているの？

働いている人に Interview! ⑦
ネットストア担当

サイトのシステム開発や
コンテンツ制作にかかわり、
販売促進を行う。

著者撮影

庄司　茜さん

**丸善＆ジュンク堂
ネットストア
サイト管理**

出版社で編集者として働いた後、システム開発会社でウェブディレクターとして勤務した経験があり、先輩の紹介で入社。「書店員とは違う少々特殊な仕事ですが、まだまだ開拓の余地があり、やりがいがあります」

※2016年4月より丸善＆ジュンク堂ネットストアは、hontoネットストアと統合されました。

Interview!

▶ ネットストア担当ってどんな仕事？ ◀

見やすいデザインや買いやすいシステムのサイトを作製、多くの人の興味を引くコンテンツの特集ページを考えて更新する。システムが正常に動作しているかの点検を行い、不具合の修正をするなどのメンテナンスも大切な仕事。売り上げを伸ばすためのデータ分析や対策なども行う。

| サイトは常によりよいものに修正していく

　私は本の通販を行うネットストアのサイトのシステム開発とディレクション、掲載するコンテンツの企画などを担当しています。ネットストアでは、丸善とジュンク堂書店にある200万冊の在庫から、お客さまにご注文いただいた本を送料無料でお送りしています。

　だいたい3カ月に1回、主要なメンバーで開発案件会議というものを行って、サイトのどの部分を開発するかを話し合っています。要件定義といいますが、システムにどんな機能をもたせて、どんな速度で、どんな使い勝手にするかといったことを決めなければなりません。システム開発の途中で、データの量が多すぎて想定通りにいかないといったこともあり、やむなく予定を変更することもあります。

　また週1回は、サイトの運営を担当している事務所のスタッフと出荷管理を行っている倉庫のスタッフが集まって定例ミーティングを開き、売り上げやシステム開発の進捗状況の確認、どんな特集ページをつくるかなどを話し合います。サイト上で本をきれいに見えるように並べたからといって、売れるわけではありません。サイトの機能やデザインに完成形はないので、常に修正し続け、デザインも変え続けています。

　最近、規模の大きなシステムの変更を行ったときは、サイト上ではあるはずの本が、実際に倉庫にはなかったりして、お客さまにご迷惑をかけてしまいました。システムにはバグという不具合がどうしてもあるので、それを調べて特定して、システム会社の担当者と相談して、修正し

てもらわなければなりません。出荷のシステムは専門会社がつくっていますが、こちらが望む仕様を伝えることは難しく、スケジュールも予定通りにいかなくて調整が大変でした。でも、通販に求められるものが増えていく中で、在庫があるものは最短で当日出荷できるような体制が組め、サービスが向上したので、苦労した甲斐はあったと思います。

コンテンツづくりはマメに情報を仕入れて

　コンテンツというのは「内容」や「中身」という意味で、ネットストアでは書店の店頭で行うフェアのように特集ページをつくって、おすすめの本を紹介しています。編集チームのスタッフ４人ほどで話し合って企画を考えていますが、店舗の書店員からもネタをもらいます。たとえば、ネットストアのターゲットは30〜40代のビジネスマンなので、ターゲット層の近い丸善丸の内本店に行って話を聞き、店頭のフェアと同じような特集をネット用に加工して展開することもあります。店舗では地域の特性が出せますが、ネットストアは全国共通のものなので、特集の内容などは地域に偏らないようにしています。そのほか、仕入れ担当

デスクでコンテンツの企画を考えます

者の会議で新しい情報を教えてもらったり、出版社のミーティングに出席して新刊について教えてもらったり、とにかくあちこちからマメに情報を仕入れていますね。

店舗（てんぽ）では一冊の本を何人が立ち読みしたかを数えるのは難しいですが、サイト内のどのコンテンツが読まれているかは、ページビューといって、数字で把握（はあく）できます。ですので、売り上げが伸（の）びなくてもページビューが多かったり、逆にページビューが少なくても売れたりすることもあります。本のいいところを伝えようと思って、サンプルページを載（の）せたところ、中身を見せすぎてしまったかなと反省したこともあります。

ネットストア担当のある1日

9時	出社。メールチェック。アクセス状況や受注などの確認。
10時	朝のミーティング。昨日の状況や受注を共有する。
11時	メールの対応。
13時	昼食。
14時	サイトの実装テスト。バグがあったので修正を依頼。
15時	編集会議。できあがったページの確認。
16時	定期的にお客さまに送っているメールマガジンの原稿の校正をする。
17時	パソコンに向かってサイトの更新を行う。
18時	業務終了。帰宅。

サイトのリニューアル打ち合わせ

著者撮影

メールマガジンも発行しており、そこには新刊の担当編集者さんからコメントや画像をもらって、掲載したりもしています。お客さまにメルマガをきっかけとして知らなかった本に興味をもってもらい、買うという行動に結びつけるのは、書店員と同じような感覚かなと思います。自分が目をつけた本が売れて、数字として表れるのはおもしろいですね。

お客さまの見やすさや使いやすさを重視

サイトは24時間休みなく動いていますので、常に臨機応変に対応していかなければなりません。たとえば、テレビ番組で紹介された本の注文が急に増えたりすると、在庫が足りなくなることもあります。品切れになったときは、それ以上受注できないようにカート(買い物かご)を画面に表示させなくするんです。でも、店舗販売分もあるので在庫のリアルタイム更新は無理ですし、ズレをかかえながらギリギリまでと思って対応しているうちに手遅れになってしまい、注文を受けたお客さまにお届けできず、お詫びをしなければならなくなったこともあります。

また、店頭で手に取って買うのと違い、ネットでは本の状態も確認で

ネット書店のトップページ

きません。発刊から年数が経っていれば、日焼けしていたり、キズやシワがあったりする本もあります。多少傷んでいても必要というお客さまもいれば、新品のまっさらな状態が当然と思われているお客さまもいるので、状態がよくない場合はほんとうにその本でいいか確認してからお送りするようにしています。判断が難しい場合は、届けることを最優先し、お客さまに状態を確認してもらって、納得がいかなければ返品してもらい、返金するという方法をとっています。

　私は最初、ここのサイトのデザインをダサいと思ったのですが(笑)、最新の技術を使ったスマートなデザインがいいわけではなく、お客さまの利用のしやすさを優先させているのだとわかりました。本を扱うサイトもいろいろありますが、当社のサイトはどちらかといえば年齢層が高めの方の利用が多く、見やすさや使いやすさを重視する必要があり、カスタマーサポートの対応にも力を入れているんです。

　通販業界はこれからも伸びていくと思われるので、サイト全体の情報の質を上げて、電子書籍だけではなく、本の販売の間口を広げていきたいです。もっとお客さまの要望に応えられるように工夫をして、血の通ったサービスのできるネットストアとして支持してもらいたいですね。

ネットストア担当になるには

どんな学校に行けばいいの？
　特に学歴などは問われないが、基本的なパソコンのスキルは必要。システムの構築はウェブデザイナーやエンジニアなどの専門家に依頼することが多いため、ネットの知識や経験よりも、魅力的なコンテンツを作成し、運営していくための情報収集力や企画力、文章構成力などが求められる。

どんなところで働くの？
　ネットストアでは、各地に住んでいるお客さまにサイトを見て商品を買ってもらうことができる。パソコンや電話があれば、どこでも仕事をすることが可能だが、決まった事務所などで働くことが多い。直接お客さまと接することはないが、電話やメールでのていねいな対応が信頼につながる。

Chapter3 書店を支えるためにどんな人が働いているの？

働いている人に Interview! ⑧
取次会社の社員

出版社と書店を結び、
本の流通やお金の流れ、
販売促進などにかかわる。

蒲原昌志さん
大阪屋栗田東 京 本社
仕入企画部書籍課

入社後、大阪本社で配本課、業態開発課に勤務した後、東京の注文輸送課を経て、書籍課に配属。「書店さんのかゆいところに手が届くサービスを提供していきたいです」

Interview!

▶ 取次会社の社員ってどんな仕事？

　本を仕入れて、どこに何冊配本するかを決めて、書店に送ったり返品を受けつけたりする物流面での機能をはじめ、代金の回収や支払いを代行する金融面での機能も受け持つ。また、新刊情報や売り上げ状況などを把握して伝えたり、売り上げの増加につなげるための企画を考えて提案したりもする。

本の物流や代金回収などを代行する

　取次会社というのは、書店で扱う本や雑誌の流通の部分を担っています。なぜ取次という業種があるのかというと、出版社の数は非常に多く、本や雑誌の種類もたくさんあるので、発注や入荷処理、代金の精算などに手間とコストがかかってしまい、すべて書店で行うことはできないからです。そこで、全国の書店と出版社のあいだに入って、商品の受け渡しとお金の流れをスムーズにする手助けをしているのが取次というわけです。全国には4000社以上の出版社があり、2000以上の雑誌が発刊されているので、私も最初は社名や雑誌名を覚えるだけでも大変でした。

　取次会社の社員の仕事をひと言で説明するのは難しいのですが、昔の酒屋さんの御用聞き、今風にいえば代行サービスのような感じです。「この本があと何冊欲しいです」「これは倉庫にありますか？」といった問い合わせへの対応をはじめ、取次側から書店で行うフェアやイベント企画を提案したり、経営コンサルタント的な相談にのったりもします。

　大阪屋栗田では新刊と既刊の本の倉庫が兵庫県川西市にあり、各出版社の定番商品やベストセラーなどがそろっています。そこにあるものは、注文が入ったら早く届くように出荷します。本のほかに、CDやDVD、文房具、雑貨なども扱っています。

　一般的な流通に置きかえると、取次は卸売問屋のような役割をしているといえますが、出版業界は独自の「委託販売制度」によって、商品を届けたら終わりではなく、売れなかった商品は返ってくるところが違い

ます。委託販売制度とは、一定の期限内なら書店は仕入れた本を再び取次を通して出版社に返品できるというもので、取次は送品と返品を相殺した分しかお金をいただけず、なかなか儲からないのです(笑)。

仕入れと配本の部数を決めるのも重要な仕事

　本の流通のほかに、取次の重要な仕事として「部決(部数決定)」があります。取次は、新刊を何冊仕入れて、どの書店に何冊ずつ配本するかを決める役割も果たしているのです。同じ500冊でも本の種類によって、児童書は子どものいる家族連れのお客さまが多い書店に、ビジネス書はサラリーマンのお客さまが多い書店に多めに配本するというように、過去の売り上げデータなどを参考にして決めています。

　出版社は新刊を出すとき、「見本出し」といって担当の方が「このような新刊が出ますので、○部仕入れてもらえますか」と見本を持って取次会社の窓口を訪れます。当社のオフィスにも仕入れ用の窓口があり、私はそこで対応をしています。できたばかりの新刊を見ながら希望部数を聞いて、事前に集まった書店からの予約部数やこれまでの実績、同じ

出版社の営業担当者に応対

Interview!

ようなジャンルの本の売れ行きなどと合わせて、適正な部数を確定します。ある程度任せてもらえることもありますし、特に力を入れたいという本の場合は、時間を取ってじっくり商談をすることもあります。

　大手出版社は担当制ですが、直接来られた場合は順番に対応します。一日に少なくても100点くらい、多いときだと400点もの本が持ち込まれます。だいたい毎月20～25日くらいがピークで、年末は特に忙しいです。仕事が重なるときは大変ですが、本をつくっている出版社の人と日々お会いして、これからヒットするかもしれない本を最初に見ることができるのは大きな魅力ですね。

▶取次会社の社員のある1日◀

9時	出社。メールチェック。朝礼で情報の共有をする。
9時20分	窓口業務を行う。つぎつぎに窓口にやってくる出版社の方と会って、部数の決定を行う。
11時30分	仕入れ表という書類の作成。
12時	昼食。
13時	窓口業務。
16時	仕入れを完成させる処理。決定後の最終的な書類をファックスで送信。
19時	業務終了。帰宅。

部数を決定し、出版社にメールで連絡します

Chapter3　書店を支えるためにどんな人が働いているの?

　取次会社の中でも営業担当者は定期的に書店をまわって、書店員さんの負担を減らして仕事がしやすくなるよう、さまざまなご要望に応えます。本の注文や事前予約の代行処理はもちろん、何か問題があったときの応対などもします。人気の本でなかなか希望する数が取れないときは、出版社に直接交渉してお願いすることもあります。

書店の棚づくりや情報提供にも協力

　取次は、納品と返品の数がわかり、代金の精算までを担当するため、書店ごとの売り上げを見て、「ここのジャンルを強化しましょう」といった具体的なことが言えます。くわしいデータをもとに、より売り上げを増やせるような商品構成を考えて提案するのも仕事のひとつです。
　書店さんから相談を受けて、経営状況からどんな問題があるかを診断し、改善方法を考えるといった経営コンサルタント的なことを行う場合もあります。街の書店は経営者の高齢化が進んでいて、後継者がいなくて困っているところもあるので、なんとか力添えしたいと思っています。たとえば、棚づくりを担当するスタッフがいないような場合、出版

倉庫にはたくさんの書籍が搬入されています

Interview!

社と書店のあいだにいるという取次の立場をうまく使って、書店からは棚をひとつお借りして、出版社には棚をひとつお貸しすることにして、一定の期間、その棚の飾りつけまでを取次が行う「メーカーズセレクト」というプロジェクトを始めています。現在までに70店舗ほどで実施し、これからも拡大していく予定です。

また、新聞広告やテレビ番組で取り上げられた本は、いっきに火がつくことがあります。それを書店員さんがすべてカバーするのは難しいので、こちらで情報を集約して、定期的に週報のようなものを発行したり、インターネットで見られるようにしたりしています。話題になった本の情報に注文書をつけて、そのまま注文できるような工夫もしています。

今は本や雑誌がスマートフォンなどに押され気味ですが、これから先も世相に即した形で出版業界が盛り上がってくれればいいですね。何ができるかまだ具体的にはわかりませんが、本のファンを増やしたいです。中学生、高校生、そして社会人になると、だんだん読書の機会が減っていくといわれますが、大人になっても趣味として楽しんでもらえるよう、何かきっかけづくりができればと思っています。

取次会社の社員になるには

どんな学校に行けばいいの？

特別な学校に行く必要はないが、入社試験を受けて取次会社に入るのが一般的。多くの出版社や書店の人と直接会って話し、膨大な数の本や雑誌、その他の商品を扱わなければならないため、入社してから覚えることがたくさんある。営業職に就く場合は、普通自動車免許をもっていると有利。

どんなところで働くの？

仕入部門は、社内の窓口で商談をして部数を決め、出版社から本を仕入れて各書店に配本する。営業部門は、ルートごとに書店をまわって本の注文をいただくほか、売り上げを増やすためのコンサルティングなども行う。物流部門は、倉庫で本の発送業務や商品管理などにたずさわる。

▶ 書店にまつわるこんな話3

書店で文房具を売っている理由

　書店に行ったとき、店内に文房具のコーナーがあるのを見たことはないだろうか？　もともと本と文房具は相性がいいといわれているが、その理由はいろいろある。考えられるものを見てみよう。

● 本にかかわる文房具を使う人がいるから

　本が好きな人のなかには、ブックカバーやしおりなど、本にかかわる小物にもこだわりたいという人がいる。書店でつけてくれる紙製のブックカバーではなく、革製の丈夫なものなども販売されている。しおりもさまざまな素材・デザインのものがある。本のページを開いたまま固定して読みやすくする書見台などを使う人もいる。

● 勉強をするときなどに必要だから

　書店には参考書や問題集、辞書などもたくさん置いてあるため、それらを使って勉強するときにペンやノートなどが必要になる。地域の小中学校で指定されている文房具などを扱っている書店もあるという。アートやデザインに関する本、マンガやイラストの描き方などの本もあるので、必要な道具も売りやすい。

● 手帳や日記、家計簿などの記入に使うから

　出版社のなかには本だけではなく、手帳や日記、家計簿、カレンダーなどを発行しているところもある。それは印刷・製本の工程が本と同じであり、つくりやすいということもある。手帳に予定を書き込んだり、日記や家計簿をつけたりするときにも筆記用具を使うし、見やすいように付箋やシールを貼って工夫する人もいるので、近くに並んでいると買いやすい。

● **売り場を見るのが楽しくなるから**
　文房具にはカラフルなものが多く、見た目が美しいので、本だけの空間とはまた違った売り場の雰囲気をつくることもできる。本を探しに来たついでに、いろいろな文房具を見るという楽しみがあると、店内に長く滞在してもらえる。

● **売り上げを増やせるから**
　本だけを買ってもらうよりも、気に入った文房具をいっしょに買ってもらえると、一人のお客さまが使う金額も増え、客単価が上がって全体の売り上げアップも期待できる。

　最近では文房具に限らず、雑貨などを広く扱っている書店や、お茶を飲みながらくつろげるカフェを併設した書店などもある。本を買うだけではなく、いろいろな楽しみ方のできる書店は、これからも増えていくかもしれない。

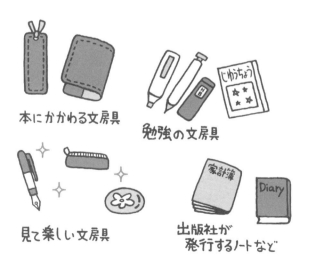

Chapter3　書店を支えるためにどんな人が働いているの？

▶ 書店にまつわるこんな話4

本にちなんだ記念日

● 4月2日　国際子どもの本の日
『マッチ売りの少女』や『人魚姫』などの作品で知られるデンマークの童話作家・アンデルセンの誕生日を記念して設定。子どもの本を通して国際理解を深めることをめざしている。

● 3月27日〜4月9日　絵本週間
「国際子どもの本の日」の前後2週間。子どもの豊かな情操をはぐくむうえで欠くことのできない文化財としての絵本文化の発展と、教育や家庭に絵本の読書がいっそう定着することを目的としている。

● 4月10日　教科書の日
4（よい）10（図書）という意味の語呂合わせと、真新しい教科書が児童生徒の手に渡り、教科書に対する関心が高まる時期であることから設定。税金によって無償で支給されている教科書の役割を広く知ってもらうためと、教科書関係の仕事をしている人たちが自分たちの仕事の大切さを再確認するためにある。

● 4月23日　サン・ジョルディの日
スペインのカタルーニャ地方では、守護聖人である騎士サン・ジョルディが殉教したとされる日に男女がバラなどを贈り合う風習があった。その風習と、文豪として名高いセルヴァンテスとシェークスピアの命日を結びつけ、大切な人に本や花を贈り、愛する気持ちを伝え合う日となった。4月20日から30日までは書店で500円の買い物ごとに、図書カードなどが当たる「書店くじ」も配られる。

● **4月23日　子ども読書の日**

国民のあいだに広く子どもの読書活動についての関心と理解を深めるとともに、子どもが積極的に読書活動を行う意欲を高めるために設けられた。この日から5月12日までの約3週間は「こどもの読書週間」で、各地で子どもと読書に関するイベントが行われる。

● **7月21日〜8月20日　雑誌愛読月間**

日本雑誌協会（にほんざっしきょうかい）が主催（しゅさい）。図書カードのプレゼントや雑誌の定期購読（こうどく）の割引など、雑誌のおもしろさや大切さをアピールするキャンペーンなどが行われている。

● **10月27日　文字・活字文化の日**

2005年7月に施行（しこう）された文字・活字文化振興法（しんこう）により制定。文字で表されたものを読み書きすることに親しみ、大切にしていくことが目的とされている。

● **10月27日〜11月9日　読書週間**

「文字・活字文化の日」から文化の日をはさんだ11月9日までの2週間。終戦まもない1947（昭和22）年、「読書の力によって、平和な文化国家をつくろう」という決意のもとに開催（かいさい）されたのがはじまり。各地の書店や図書館ではこの期間に合わせて展示やイベントを行い、書店では「書店くじ」も配られる。

Chapter 4

図書館では どんな人が 働いているの?

Chapter 4　図書館ではどんな人が働いているの?

図書館の仕事を

誰でも自由に利用できる図書館。
そこで働く司書は、本の整理や
貸し出しや返却の手続き、
調べものの手伝い、
新しい本の選書、広報活動など、
幅広い仕事を担当している。

　みさご市立図書館は、近年開発されたニュータウンにある公共図書館。読書が好きな岡田くんと小泉さんは、図書館の仕事をくわしく知ることのできるチャンスということで、期待に胸をふくらませてやってきた。

＊　　＊　　＊

図書館にもいろいろな種類がある

　岡田くん・小泉さん「こんにちは。しごと場見学に来ました」
　司書「ようこそ、みさご市立図書館へ。おふたりは、図書館はよく利用していますか?」
岡田くん「はい。ときどき近所の図書館で本を借りています」

小泉さん「私は中学校の図書委員なので、学校の図書館には昼休みや放課後によく行っています」

司書「本が好きなんですね。図書館には種類があって、**国立図書館、公立図書館、大学図書館、学校図書館、専門図書館**などに分けられます」

岡田くん「どう違うんですか？」

司書「国立図書館は、日本では国立国会図書館だけで、国内で発行されたすべての本や雑誌などの出版物を集めて保存し、公開しています。公立図書館は都道府県や市町村にある図書館で、その地域に住んでいる人や通っている人が自由に利用できます。大学図書館は国立・公立・私立の大学や研修所に付属した図書館、学校図書館は小・中学校や高等学校にある図書館で、学校の授業に必要な本などが集められています。私立図書館や専門図書館は民間団体や企業、研究機関などが運営する図書館で、特定のテーマに関する資料を集めて提供しています」

小泉さん「いろいろな図書館があるんですね。私はまだ公立図書館と学校図書館にしか行ったことがないです」

司書「日本では公立図書館は3200以上もあるのに対して、私立図書館は20のみ。国立国会図書館は東京と京都にしかありません。そのほか、点字図書館や病院患者図書館など特別な図書館もあります」

Chapter 4 図書館ではどんな人が働いているの？

図書館をイラストで見てみよう

本の整理は図書館の仕事の基本

岡田くん「司書さんは図書館でどんな仕事をしているんですか?」
司書「**どの図書館にも共通しているのは、本の整理です。**図書館にあるたくさんの本は、探しやすくするために日本十進分類法(NDC・→148ページ)いう全国共通の方法で分類され、番号がふってあります。現在はほとんどの図書館がコンピュータを使っているので、新しい本はバーコードやラベルをつけて分類し、本のタイトルや著者名、出版社名、発刊された日、大きさ、ページ数などのデータを入力して登録。コンピュータを使っていない図書館ではカードを使って整理しています」
小泉さん「本にはそれぞれ決められた棚があるんですね」
司書「はい。貸し出していた本が返却されてきたときは、決められた棚に戻します。簡単そうに見えて、実は図書館全体を把握していないと、早く正確にはできないんですよ」
岡田くん「図書館で本を読んだら、もとの場所に戻さないと!」
司書「そうしてもらえると助かります(笑)。問い合わせがあったとき、決まった場所にないと、見つけるまでに時間がかかってしまいますから。私たちは本棚をいつもチェックして、整理しているんです」

カウンター業務も大切な仕事

小泉さん「図書館では、カウンターの中にいつも誰かいますよね」

司書「**カウンター業務も欠かせない仕事です。本の貸し出しや返却を行うほか、利用者の質問に答えたり、予約を受けつけたりもします**」

岡田くん「貸し出しの手続きをしてもらうとき、スーパーマーケットのレジと同じような機械を使っていますよね？」

司書「図書館にある蔵書を管理するため、本にはバーコードの入ったシールが貼ってあります。本のバーコードをスキャナーという専用の機械でなぞると、ピッと音がして、登録された本のデータがコンピュータの画面に出てくるので"貸し出し"のボタンをクリックします。利用者に氏名や住所などを登録してつくってもらう利用カードにもバーコードがついているので、本といっしょに出してくれれば、それを読み取って貸し出しや返却の記録ができるんです」

小泉さん「これなら簡単そうですね」

司書「おかげで利用者の待ち時間が短くなって、スムーズに対応できるようになりました」

岡田くん「レシートみたいなものも渡してくれますよね」

司書「貸し出しのときには、本といっしょに返却期限日が印刷された資料貸出票をお渡ししています」
小泉さん「本を返却するときもバーコードを使うんですか？」
司書「そうですね。戻ってきた本は傷んでいないか、本のあいだに何かはさまっていないかなどを確認してから、バーコードをなぞって"返却"ボタンをクリックするだけです」

便利なレファレンスサービス

岡田くん「カウンターにいる司書さんに質問すると、ていねいに答えてくれますよね。難しいことを訊かれて、困ることはないんですか？」
司書「"レファレンス"という言葉を聞いたことがありますか？」
岡田くん「いいえ。聞いたことがないですね」
司書「調べものを指す言葉で、**ある事柄や人物などについて知りたいけれど、調べ方がわからないという場合、調査の手助けをするのがレファレンスです。**たとえば、『地域の歴史や文化を調べたい』『犬の飼い方を知りたい』『ラグビーのルールを覚えたい』などと言われたら、そのことについてくわしく書かれた本をなるべく早く見つけなればなりませ

> **コラム　国立国会図書館の役割**
>
> 　国立国会図書館には、日本で発行された出版物を広く集め、適切に管理し、文化的財産として永く保存し、のちの時代に伝える役割がある。日本国内で発行されたすべての出版物は、1948（昭和23）年にできた納本制度に基づいて国立国会図書館への納入が義務づけられている。集められた資料は、東京本館、関西館、国際子ども図書館の3カ所に分けて保管されているが、現在の蔵書は4000万点を超えていて、年間約85万点ずつ増えているとか。本を並べておく書架の総延長距離は約585キロメートルにも達し、東京から岡山までの距離とほぼ同じだというから驚きだ。資料の多くは書庫に収められていて、自由には見られないが、申し込めば出してもらえる。利用できるのは満18歳以上の人（国際子ども図書館は年齢制限なし）で、個人への資料の貸し出しは行っていないため、館内で閲覧するか有料の複写サービスを利用することになる。

ん。また、『何かおもしろい本はありませんか？』という漠然とした質問を受けることもあれば、『○○という主人公が出てくる恋愛小説のタイトルは何でしたっけ？』とか『○○という有名な言葉を残した哲学者の名前は？』など難しい質問をされることもあります。図書館に行けば、何かヒントが見つかるだろうと思って来館する人もいるので、私たちは期待に応えなければならないのです」

小泉さん「知識が豊富でないと、司書にはなれませんね」

司書「自分が知っていることを説明するわけではなく、**必要な情報が載っている本を探して、紹介するのが司書の仕事です**。ですから、幅広い知識をもっていたほうがよいですが、知っていることがどの本に書かれているのかを把握していなければなりません。図書館の本すべてを把握することはできませんので、資料にたどり着くための検索方法などを知っておく必要もあります」

岡田くん「インターネットで調べれば、わかることも多いですよね？」

司書「図書館にも利用者のためのコンピュータが用意してあって、自分で検索することもできます。ただし、インターネットの情報のなかには正しいかどうかわからないものもあります。本は事実をきちんと確認してから出版されているため、より正しい情報が載っていると考えられます。**私たちは図書館専用のデータベースなども駆使して、情報の信頼性まで調べてから、正しい情報を提供しているんですよ**」

小泉さん「便利だし安心できそうですね。今度、利用してみます」

司書「レファレンスサービスは一度利用すると、多くの人がリピーターになるんです。知りたいことがあれば、ぜひご相談ください」

本をきれいに保つための仕事もある

岡田くん「ほかにもカウンターでの仕事はありますか?」
司書「図書館の本はなるべくきれいな状態で、長いあいだ、たくさんの人に読んでもらうため、**新しく入った本には必ずフィルムのカバーをかけます**。接着剤がついた特殊なカバーで、本全体に貼りつけていくため、きれいに仕上げるには少々コツがいります」
小泉さん「学校の図書館にある本にも、透明なカバーがついています」
司書「たくさんの人の手に渡った本は、いつの間にか汚れたり破れたり、ページが外れたりしてしまうこともあります。そんなとき、修理や補修を行うのも司書の仕事。汚れを落としたり、破れたところをテープで補修したり、中の落書きを消したりと、かなり細かい作業になります」
岡田くん「大切に扱ってもらえないと、仕事が増えてしまいますね」
司書「そうですね。また、貸し出した本を返却期限が過ぎても返してくれない人もいます。忙しくて図書館に来られない人のために、返却ポストを用意していますが、それでも返却してもらえなければ催促の電話やメールをします。できるだけ期限は守ってもらいたいですね」

イベントやフェアの企画も行う

司書「図書館で行っているイベントは知っていますか？　多くの図書館では、子どもたちが本に親しんでくれるように、絵本や紙芝居などを読み聞かせる"おはなし会"などを実施しています。そのような**イベントの企画や運営も大切な仕事です**」

小泉さん「私も小さいころ、図書館で絵本を読んでもらいました」

岡田くん「ぼくは夏休みに、工作会に参加したことがあります」

司書「ここでも毎月おはなし会を行っています。私は人前で本を読むのは得意ではないですが、子どもたちに喜んでもらえるとうれしいですね」

小泉さん「子ども向けのイベントが多いのですか？」

司書「公共図書館の利用者は年齢層も幅広いので、大人も楽しめる映画会も行っていますよ。**書店のフェアのように、特定のテーマで棚をつくって、関連書籍を紹介することもあります。**たとえば、オリンピック開催に合わせて、スポーツをテーマにした書籍を紹介したり、その地域ならではの資料を集めて展示したりと、充実した棚づくりをめざしています」

公立図書館が無料で利用できるわけ

公立図書館は基本的に無料で利用でき、本やCD、DVDなどの貸し出しもタダだ。図書館法という法律では、「公立図書館は、入館料その他図書館資料の利用に対するいかなる対価をも徴収してはならない」と決められていて、お金を取ることは禁止されている。それは公立図書館が、学校や児童館、公民館、公園などと同じように、地域の住民のための公共施設だから。公立図書館はあらゆる人に平等に図書資料やサービスを提供するという原則があり、図書館の建物や置いてある資料をはじめ、椅子や机、コンピュータなどの設備、電気、水道などの光熱費などは税金でまかなわれている。また、正規雇用の司書は、公務員ということになる。一方で、私立図書館や専門図書館は、入会金や利用料を設定しているところもある。

図書館に入れる本を選ぶ仕事

司書「図書館の本はどうやって選ばれているか知っていますか？」
岡田くん「司書さんがいいと思う本を選んでいる！」
小泉さん「利用者のリクエストに応えている！　うちの学校の図書館にも、読みたい本を書いて入れる箱が置いてあります」

司書「ふたりとも正解です。**図書館に入れる本を選ぶのも司書の仕事です**。国立国会図書館には各出版社が納本する義務がありますが、公立図書館では決められた予算の中から本を購入しなければなりません。ですから、どんどん出版される新しい本から、なるべく多くの利用者が読みたいと思う本、役立ちそうな本を選びます。リクエストも受けつけていて、図書館に入れてほしいという要望があった本の購入を検討します」

岡田くん「すごい！　読みたい本を図書館が買ってくれるの？」

司書「リクエストにはすべて応えられるわけではなく、予算の関係で買えない場合や、図書館に入れるにはふさわしくないものの場合もあります。購入することになってもすぐに用意できないこともあります」

小泉さん「本が選べるのはいいけど、たくさんの人に喜んでもらえる本を選ぼうと思うと、悩んでしまいそうですね」

司書「有名な文学作品から最近のベストセラーまで、子ども向けからシニア向けまで、あらゆるジャンルの本をかたよらないようにそろえる必要があります。図書館ごとに利用者の層は違うので、貸し出し状況のデータ、予約やリクエストの多いジャンルなども参考にします。利用者との対応を通して必要とされているものを考えたり、新聞や雑誌の書評、テレビやインターネットなどの情報をチェックして、話題の本を入れる

図書館の本はどうやって選ばれるの？

司書が選んだ

今月の新刊

利用者のリクエスト

ようにしたりもしています。雑誌も週刊誌、月刊誌、専門誌などさまざまなものがありますし、新聞も何種類かを入れています」
岡田くん「いろいろな資料がそろうように工夫しているんですね」
司書「図書館の本を選ぶ"選書"がきちんとできるようになるには、さまざまな経験を積み、積極的に情報収集を行い、広い視野をもつ必要があります。ふだんから書店にも足を運んで、新刊本や話題の本をチェックしておくことも大切かもしれません」
小泉さん「学校の図書館には、本を寄付してくれる人もいます」
司書「ここでも読み終わった本を寄付していただいた場合は、購入した本と同じように登録しています。ただし、古すぎたり、傷んでいたりする本は受けつけられませんので、欲しい人にリサイクルしています」

広報活動を行うのも司書の仕事

小泉さん「新しい本が入ったときは、お知らせするのですか?」
司書「リクエストしてくれた人には連絡をしますし、新しい本は目立つ場所に置いたり、『図書館だより』というフリーペーパーで紹介します」
岡田くん「『図書館だより』も司書さんがつくっているんですか?」

司書「はい。**図書館を地域のみなさんに広く知ってもらい、もっと利用してもらうための広報活動も司書が行っています。**『図書館だより』のようなものも私たちがつくって、図書館のカウンターなどに置いています。新しい本の案内をはじめ、本や作家などにまつわる記事などを書いて、広く知らせているのです」

小泉さん「司書さんは文章も書けないといけないんですね」

司書「イベントを知らせるためのポスターやチラシを作成したり、それを貼ったり配ったりするのも司書の仕事です。最近では、図書館も公式サイトで、開館日時や休館日のお知らせやイベントの告知など、さまざまな情報を発信しています。本の検索や登録にもコンピュータを使いますが、サイトの更新などができるスキルがあると役立つでしょう」

本と人が好きで好奇心旺盛な人に向いている

小泉さん「私は図書館で働きたいのですが、どうすればいいですか？」

司書「司書は本を紹介する仕事なので、たくさんの本を読んでおくといいですね。本が好きなのはもちろん、図書館を利用する人たちとかかわっていくため、人と接するのが好きな人ほど、向いているといえます」

小泉さん「そうですね。誰かと話をすることも好きです」

司書「夏休みや冬休みには小中学生がたくさん来て、自由研究や読書感想文などの宿題について相談を受けたり、調べものを手伝ったりしなければなりません。一方、高齢者も多く来館されますが、コンピュータの使い方に慣れていなくて自分で検索ができない人や、文字が見えにくい人に代わって資料を探したりする必要があります」

岡田くん「そういうことをお手伝いするんですね」

司書「あとは、"レファレンス"についてお話ししましたが、知らないことを調べるのが好きな人にも向いています。誰かが疑問に思ったことや興味をもっていることについて調べて回答しなければならないので、どんなジャンルにも取り組める、好奇心や粘り強さが必要です」

岡田くん「ぼくは飽きっぽいから向いていないかもしれません(笑)」

司書「あらゆる人の"知りたい"という願望に応える施設が図書館で、司書にはそのお手伝いをする役割があります。**本についての広い知識をもっていることはもちろん、利用者一人ひとりに向き合って、きちんと対応することが求められるのです**」

小泉さん「図書館で働く司書さんの仕事内容がよくわかりました」

岡田くん「どうもありがとうございました」

Chapter 4　図書館ではどんな人が働いているの？

働いている人に Interview! ⑨

区立図書館司書

図書館で本の整理や選書、貸し出し、返却(へんきゃく)、レファレンスなど利用者へのサービスを行う仕事。

齋藤佑太(さいとうゆうた)さん
豊島区立 中央図書館(としまくりつちゅうおうとしょかん)

子どものころから図書館をよく利用していて、本に接する仕事を希望。書店に勤務しながら司書の資格を取得し、大学図書館での勤務を経て現職。「図書館での仕事には幅(はば)広い知識が必要なので、日々勉強です」

Interview!

区立図書館司書ってどんな仕事？

便利に利用でき、読書を楽しめるような図書館の環境づくりを行うのが司書の仕事。カウンターで本の貸し出しや返却の手続きを行ったり、本棚の整理をしたりするのはもちろん、新しく入れる本を選んだり、イベントや企画を考えて実施したり、利用者からの質問に答えたりと、図書館の運営全般にかかわる。

担当分野の仕事からイベントまで

東京都豊島区の図書館のなかでも規模が大きい、中央図書館で働いています。司書の人数が多いので、一般書担当と児童書担当に分かれていて、そのなかでも担当分野ごとに棚の整理や選書を行っています。ぼくは、昨年は社会科学の分野を、今年は美術の分野を担当。いろいろな分野を担当することで、視野が広がりますね。小説などはかたよったものしか読まないので、いつか文学の担当もできたらいいなと思っています。

勤務時間は早番が9時30分から18時15分まで、遅番が11時30分から20時15分までです。毎月中旬ごろにみんなで話し合って、翌月の出勤予定を決めます。当館はターミナル駅である池袋から近いので、区内に住んでいる人のほか、通学や通勤で池袋に通っている人の利用が多く、平日は学校の授業や仕事が終わる夕方ごろから混み始めます。土日は親子連れがたくさんやってきます。また、閲覧席を確保するために並ぶ人がいるので、朝の開館時間前も混雑します。

ふだんの業務のほかに、イベントなどの手伝いもします。子ども向けの「おはなし会」や大人向けの「読書会」などは定期的に開いていますが、そのほかに閉館後の図書館を使った「脱出ゲーム」などユニークなものも企画しています。イベントには楽しんでもらうことはもちろん、図書館を知ってもらい、利用を促す目的もあるんですよ。

学校とも連携していて、中高生を対象としたブックトーク（あるテーマに沿って複数の本の内容を紹介する）を行ったりもしています。ぼく

125

も紙芝居をつくって高校に出向き、生徒の前で読むことも。一人で何度も練習をしたあと、同僚に見てもらい、「もっとゆっくり読んだほうがいいよ」とか「ここは抑揚をつけたらいいんじゃない」といったアドバイスをもらって、本番にのぞみました。区内の中高生の職場体験や近隣の大学生の研修なども受け入れています。また、ほかの図書館とは相互貸借をしていますし、都立図書館では2、3カ月に1回、図書館職員のための研修があり、図書館どうしの交流もあります。

曜日ごと担当ごとに違った仕事がある

いろいろな仕事がありますが、当館では曜日ごとに仕事内容が違います。火曜日には前の週に発注した本が届くので、分野ごとに分類して登録し、ラベルを貼るなど書架に出すための準備をします。水曜日には豊島区内のほかの図書館からも担当者が集まって選書会議をして、どの本を何冊、どこの館で受け入れるかを決め、木曜日にその本を発注。金曜日から日曜日までは、それぞれ担当の仕事をします。たとえば、ぼくは一般書の担当なので、地域資料などのデータ作成、寄贈いただいた本の

貸し出しカウンターで手続きをします

Interview!

受け入れの手続き、本を紛失や破損してしまった場合の弁償の対応などをします。特集や企画の担当者は、時期に合わせて入り口付近などの展示コーナーに並べる本を考えます。同じビル内に芸術文化施設があるので、そこで行われる演劇に関連する本を展示したり、演目を紹介したりすることも。児童書の担当者は「おはなし会」の準備もありますし、折り紙やイラストなどで飾りつけをして、お子さんが入りやすい雰囲気をつくる工夫をしています。

司書の仕事のなかでも特に、図書館に入れる本を選ぶ「選書」は大切です。当館では一人が担当するとかたよってしまうので、全員で選書を

区立図書館司書のある1日

9時30分	出勤、朝礼。返却された本を分類番号に従って棚に戻し、書架の整理をする。
10時	開館。納品された本にラベルを貼るなどして、受け入れの準備をする。
11時	カウンター業務。利用者からの調べものなどの相談にのる。
13時	昼食。
14時	書類や書誌のデータの作成。
15時	新しく入れる本の選書。新刊案内やリクエストなどを参考にしながら、会議に向けて検討する。
16時	イベントの企画。利用者が楽しめるような内容を考え、実施するための準備をする。
18時15分	業務終了。帰宅。

※早番の場合。

利用者のレファレンスに対応

しています。新刊図書を紹介するカタログを参考にすることもあれば、取次会社から「見計らい本」という本の現物を持ってきてもらい、見ながら話すことも。シリーズものは続編が出たらそろえていきます。また、利用者からのリクエストは中央図書館だけでも週に20〜30件くらいあるため、なるべくリクエストや希望に沿えるように検討しています。

やりがいのあるレファレンス

　レファレンスサービス（調べもののお手伝い）は、一日2時間ほど交代で担当します。利用者と直接顔を合わせて、探している本や調べたいことなどをうかがうので、解決の手助けができたときはやりがいを感じますね。よく聞かれるのは「昔の池袋の写真を見たい」「雑司が谷の地名の由来を知りたい」といった豊島区の地域資料に関すること。夏休みは親子で来館する方も多く、課題や自由研究などの相談を受けます。

　ぼくは最初に勤務したのが大学図書館だったので、はじめは少し戸惑いました。大学図書館では学生から勉強関連のことを聞かれることがほとんどでしたが、公立図書館では幅広い年齢層の方からのさまざまな質

検索のお手伝いをすることも

Interview!

問に対応しなければなりません。ときにはテレビ局や出版社などマスコミ関係の方からの問い合わせもあります。当館には手塚治虫や藤子不二雄らが住んでいた「トキワ荘」に関連する資料もあるので、「こんなエピソードを聞いたことがあるけれど、どの本に載っていますか」と聞かれることもあります。「自分でここまで調べられたが、もっとくわしく知りたい」など、インターネットでは出てこないことを調べたいという人も多く、難しいテーマの場合は時間をもらって、レポートのような形で回答します。質問内容と回答はファイルに保管して司書どうしで共有し、また同じような質問が来たときに使えるようにしてあります。

調べ物の仕方も、時代とともに変わってきています。昔は図書館の蔵書の内容を把握しておくことや、記憶の積み重ねが重視されていましたが、今はパソコンを使う機会が増え、インターネットのデータベースも使いこなさなければなりません。ぼくらの世代は子どものころからパソコンに親しんできているので、より検索技術をみがいていきたいです。

図書館の仕事は、本だけを扱うのではなく、コミュニケーション能力が問われます。いろいろなことに興味をもって、たくさんのことにふれて、アンテナを広く張りめぐらせていなければと思っています。

区立図書館司書になるには

どんな学校に行けばいいの？
　司書養成科目が開講されている大学・短期大学で必要な科目の授業を受けて、決められた単位を取得してから卒業すれば資格が得られる。通信教育で学ぶこともできるが、年に数回のスクーリングがある。また、司書として活躍するには採用試験に合格し、図書館に配属されなければならない。

どんなところで働くの？
　司書は、全国にある公立図書館や専門的な私立図書館、大学に併設された大学図書館などで働き、たくさんの資料を管理し、さまざまな図書館のサービスを提供する。カウンターで貸し出し、返却、予約、リクエストの受けつけなどを行ったり、利用者の相談にのったり、書架で本の整理をするほか、事務的な仕事も多い。

Chapter 4　図書館ではどんな人が働いているの？

働いている人に Interview! ⑩
点字図書館担当

視覚障がいのある人などに
点字図書や録音図書の貸し出し、
対面朗読などを行う。

真柄幸司さん
**豊島区立中央図書館
点字図書館グループ**

大学卒業後、視覚障がいで不安や困難をかかえている方の支援をしたいと考え、民間の点字図書館や東京・大田区の「声の図書室」などでの勤務を経て現職。「提供できるサービスをもっと充実させて、自分に合った方法で読書を楽しんでほしいです」

Interview!

> ### 点字図書館担当ってどんな仕事？
>
> 点字図書館は視覚障がい者のために、本や雑誌の情報を点字や音声に変えた点字図書や録音図書の収蔵、貸し出し、閲覧、対面朗読、製作などを行っている施設。講習会や勉強会などを開催して点訳・朗読ボランティアの育成や指導にもかかわり、ボランティア活動の場にもなっている。

視覚に障がいがある人に点字や音声で情報を提供

　豊島区立中央図書館内にある「ひかり文庫」という場所で働いています。ここでは、本を点字表記にした「点字図書」や、本を読み上げた音声を収録した「録音図書」を備えていて、視覚に障がいのある方などに貸し出しを行ったり、対面による朗読を行ったりしています。貸し出しは、図書館まで来なくてもいいように主に郵便で行っています。点字郵便物（第四種郵便物）として扱われるため、送料は無料なんです。

　新たな蔵書として加えるものは、「点訳研究会」というボランティア団体の方の協力を得て点訳してもらい、そのデータを受け入れています。全国の点字図書館が協力してつくっている「サピエ」というネットワークを通じて、ひかり文庫にないものをほかの図書館から取り寄せて貸し出すこともできます。新着図書については『今月の本棚』という資料を毎月作成して、登録者に案内しています。家族に読んでもらえる人には印刷したものを郵送していますが、メールや点字で送っている人もいます。閲覧室では点字図書の閲覧はもちろん、パソコン、点字プリンター、拡大読書器などが使えます。

　プライベートサービスとして、個人的に依頼されたものも点訳や音訳をしています。たとえば、雑誌や新聞などを持ってくる人も多いですし、学生の利用者さんから英語の授業で使う教材の点訳を依頼されたこともあります。また、カラオケで歌うために歌詞を点訳してほしいという人や、音大生で楽譜の点訳をしてほしいという人もいました。

対面朗読は予約制ですが、一人が一日あたり2時間×2回まで利用できます。ボランティアの担当者が2時間ごとに交代しながら対応していて、基本的に10時から18時まで。でも希望があれば18時以降にも行っています。毎週、決まった曜日、時間に利用する人もいますよ。

ボランティアの存在が活動を支えている

私は点字ボランティアさんとのやりとりも担当。現在、50名ほどのボランティアさんが、ひかり文庫の活動を支えてくれています。基本的に火曜日に来館していただき、1冊の本を何名かで手分けして点訳します。昔は紙に直接手で点字を打っていましたが、現在はパソコンで打ち、それを点字編集システムというソフトを使って本にしていく方法をとっています。点字は6点で成り立っています。パソコンを使うとはいえ、自動的に点字に変換されるわけではなく、キーボードの6つのキーを点字の6点に当てはめて、点字の形どおりに入力していきます。

点字の表と裏で1枚、2枚と数えますが、だいたい一人が100枚から150枚くらいを点訳します。点字図書はバインダーに綴じた形で利用者

点字図書が並ぶ書庫(左)。点字図書を開くと点字が並んでいます(右)

に提供されますが、枚数が多すぎると綴じられないため、100枚くらいがバインダー1冊分になります。点訳が終わったものはデータで保管しておき、利用者からのリクエストがあったら、紙に打ち出して製本して、バーコードのついたラベルを貼って登録します。

　ボランティアの方の力が欠かせないため、2年ごとに「ボランティア養成講習会」を開いています。初級コースは15回で基礎知識から学び、その後、中級コースが5回あり、実際に点字図書の製作ができるようになってもらいます。はじめての方も多いですが、点字には独特のルールがあるので、難しくて途中であきら

点字図書館担当のある1日

9時30分	出勤。ミーティング。
10時	開館。利用者からの貸し出し受けつけ、対面朗読の予約、問い合わせの電話やメールへの対応。依頼に応じた手続きやサピエ図書館へのリクエストなどを行う。
12時	資料の製作や購入、受け入れなどに関する手続き。
13時	昼食。
14時	予算関係の庶務的な仕事。
16時	講習会や勉強会などについての打ち合わせ。ボランティアの方への連絡。
18時	閉館。
18時15分	業務終業。帰宅。

デスクで問い合わせメールに対応

めてしまう人もいます。講習会を修了したら、「点訳研究会」に入ってもらい、さらに勉強しながらボランティアを始めてもらいます。

　点訳する本は、人気のあるものを中心に、同じジャンルばかりにならないように選びます。いちばん多いのは小説で、年配の人には時代小説などの人気が高いですね。視覚障がい者の仕事の関係で、はり・きゅう・マッサージといった東洋医学に関する本が多いのも特徴です。点訳したものは「読み合わせ」といって、2人一組で一人が原本を声に出して読み、一人が点字を触読して、点字の表記や漢字の読み方などに間違いがないかを確認します。一冊の本を点訳するには、かなりの時間がかかるため、複数のボランティアさんの協力が必要です。

利用者からの喜びの声がうれしい

　点字を指先で触って読むのは難しく、中高年になってから視覚障がいになった方では、読める割合は少なくなります。そのため、「デイジー図書」というCD-ROMに録音されたデジタル録音図書や対面朗読など、音をベースにしたものを頼られる方が多いです。こちらは「朗読会」の

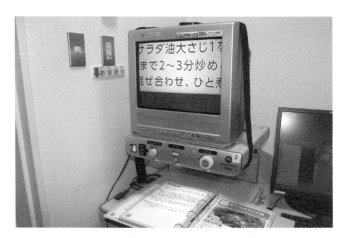

拡大読書器。文字が拡大されます

Interview!

ボランティアさんが協力してくれています。録音図書は視覚障がいだけではなく、読書障がいの人にも対象が広がり、身体障がい・寝たきりなどで本が読めない人などにも利用してもらえます。音声データのほかに本文のテキストや図のデータをもち、それらを同期して表示させることのできる「マルチメディアデイジー図書」もあります。これからは視覚障がい以外の人へのサービスも広げていきたいですね。

シリーズものを順番に貸し出している方から、「おもしろかったです」「続きが楽しみです」と感謝の声をいただくこともあります。利用者の喜びの声を聞くと、この仕事をしていてよかったなと思います。

視覚障がいの方は、聴覚を頼りにしているため、話し方や声のトーンなどにも敏感です。少し雑な対応をしてしまったせいで、利用者の方に怒られてしまったこともあります。ですから、いつも電話でお話しするときは、できるだけていねいな対応をするように心がけていますね。ひんぱんに利用していただいている方とは、いろいろな話をするようになって、進路の相談を受けたりすることもありました。一般の図書館とは、利用者とのかかわり方も違う部分があるので、支援できることは限られていますが、親身になって接しています。

点字図書館担当になるには

どんな学校に行けばいいの？

点字図書館への就職を希望する場合、施設数も少なく、求人数が限られているため、かなり狭き門といえる。講習会に参加して点字を習得した後、ボランティアとして点字図書の作成などにかかわることも可能だ。

どんなところで働くの？

点字図書館は全国に74施設ある（2015年12月現在）。公立図書館に併設されているところも多いが、独立した施設もある。利用者がたくさん並んだ本のなかから読みたいものを探す一般の図書館とは違い、電話などで申し込まれたものを郵送する場合がほとんど。少人数の職員がボランティアの協力を得ながら対応している。

Chapter 4　図書館ではどんな人が働いているの？

働いている人に Interview! ⑪

学校司書

本との出合いの場をつくり、
知的好奇心を刺激して、
読書や学習の基礎力を育てる。

千田つばささん
東京都立小川高等学校

子どものころから、いろいろな情報が詰まった図書館が好きだった。東京都で司書として採用され、現在勤務している学校は5校目。「読書は人生を豊かにしてくれます。本を通して、自分の世界を広げていってほしいです」

Interview!

学校司書ってどんな仕事？

小学校、中学校、高等学校、特別支援学校には学校図書館を設置することが義務づけられている。これらの学校図書館で子どもや教職員と本をむすびつける仕事をする。また、本や雑誌など資料の収集や管理、貸し出しを行い、図書館を活用した調べ学習の手助けや、本への興味・関心を高めるための取り組みを行う。

まずは図書館の使い方を知ってほしい

　学校司書の仕事は、図書館の仕事全般に学校職員としての仕事が加わります。私は東京都の高校で学校司書をしていますが、高校生になると受験勉強などで読書の機会が減ってしまう子も多くなります。でも、何か困ったときに図書館に行けば調べられることを知り、利用方法を覚えてほしいのです。そのため、春と秋には図書館の使い方についてのオリエンテーションを開いています。また、百人一首の大会を行ったり、クイズを解くと脱出できるゲームを実施したりして、図書館に足を運んでもらうためのきっかけづくりをしています。

　本に興味をもってもらうために、生徒の興味や行事と合わせた本の特集展示や、生徒に読んだ本のコメントを書いてもらい展示することもしています。コメントを書くとカードにスタンプを押して、3個集めると記念品がもらえるのです。必要なときに読むこと、調べることができる力を育て、豊かな読書人生を送ることができるように心がけています。

　授業などで、図書館や資料を使った授業を先生といっしょにすることもあります。購入したりほかの図書館から借りたりして資料を探して集め、利用指導をした授業が、生徒からは「楽しかった」、先生からも「狙いが達成できた」と言ってもらえると、がんばったかいがあります。

　1年生の国語の授業では、テーマを設けて何冊かの関連する本を紹介するブックトークが人気です。たとえば「夏」というテーマなら、甲子園出場をめざす球児たちの姿を描いたドキュメンタリー、お化けが出て

くる物語、ひやっとするミステリーなどを紹介するといった感じで、聞いているだけで読みたくなってしまうように工夫しなければなりません。

高校生がおすすめの本を5分で語り、読みたくなった本に投票してチャンプ本を決める「ビブリオバトル」などのイベントも図書委員の生徒といっしょに開催しています。吹奏楽部と軽音楽部の活動場所が図書館のすぐとなりなので、「図書館コンサート」などを企画して演奏してもらおうかなと考えたりもしています。

生徒のことを考えて本を選び、相談にものる

本の選書と発注は基本的に毎月行っています。生徒からのリクエストはカウンターで随時受けつけていて、専用の用紙に書いてもらうか、口頭で伝えてもらいます。最終的に購入する本は会議で決めるのですが、ほとんどのリクエストには応じています。古い本など購入できないものは公共図書館から借りて、生徒の読みたい気持ちに応えます。先生にもアンケートを取って、必要な本を教えてもらいますし、授業の予定を聞いて関連する本が少ないと思ったら、話し合って補充もしています。

入荷した新刊には透明なブックカバーをかけて保護します

Interview!

予算は学校によって違い、決まっているわけではありませんが、だいたい一回あたり100冊前後購入することができます。限られた予算の中でどんな本が必要か検討し、たとえば大学で勉強する学問の入り口になるものや卒業後の職業に関するものなどを集めた「進路コーナー」を充実させるなど、生徒の顔を思い浮かべながら選ぶようにしています。

生徒が図書館を利用する時間は、昼休みや放課後が多く、図書委員とともに行う活動もあります。図書委員は各クラスに2人ずついて、当番制で来てくれるので、カウンターの仕事や本の展示などをいっしょに行います。授業の空き時間も自習や調

学校司書のある1日

8時20分	出勤。職員室で教員との打ち合わせ。開館準備。
8時30分	開館。
9時	書店の担当者が本や雑誌を持って来校。本にカバーをかけるなどして受け入れの事務作業。
10時	書類やお便りなどの作成。
10時30分	国語の授業(ブックトーク)。
11時30分	先生と図書館で行う授業についての打ち合わせ。
11時50分	昼食。
12時20分	来館する生徒に対して、貸し出し、返却などの対応。図書委員会の生徒と活動することも。
13時10分	授業の空き時間に利用する生徒のレファレンスに対応。
15時10分	当番の生徒とともに掃除。
16時	放課後に来館する生徒の対応のあいまに書架整理。
16時45分	閉館。片付け後退勤。

おすすめ本のコーナーをつくって生徒に本をアピールすることも

べものをしに来たり、本を借りに来たりする生徒に対応します。生徒の利用がない時間には、いろいろな書類や月に1、2回発行して新しく入った本などを紹介する『図書館だより』などの作成もしています。

　一年のうち忙しいのは、3、4月と各学期の終わりごろですね。冬休みには蔵書の点検や書架の整理を行うため、その前後も忙しいです。夏休みや冬休みの前には特別貸し出しをするので、たくさんの本が動きます。ふだん借りられる本は一人5冊までですが、長期休暇のあいだは15冊まで借りられるんです。夏休み期間中は、開館日が10日以上あり、課題の相談にのったりしています。読書感想文などは苦手な生徒も多いので、書き方のヒントになる資料をつくって、渡したりすることも。9月の文化祭のときには、図書委員会では「和とじ本講習会」を開くことが伝統となっていて、図書委員が講師になって、来てくれた人にオリジナルの和とじ本のつくり方を教えています。

生徒の成長にかかわりながら自分も学ぶ

　生徒と接していてうれしいのは、探していた本を手渡して「ありがと

生徒には気さくに声をかけます

う」と言ってもらえたときや、本が好きではなかった子に興味をもってもらえそうな本を紹介して「これなら読めたよ」と全部読んでくれたときなど。レファレンスでは答えを教えるのではなく、なるべく自分でできるようにプロセスを知ってもらうことを重視しています。生徒の成長にかかわることができるのが、学校司書の喜びかな、と思いますね。

学校の中で司書は一人で、同じ立場の人がいないので、考え方を伝えるのが難しいこともあります。司書教諭、先生やスクールカウンセラー、事務の方ともつながってチームで働くことが大事です。教育活動の支援として、教職員にレファレンスやガイダンスを行うこともあります。

都立高校に勤務する司書は「東京都立高等学校学校司書会」という会に入ることができ、地域ごとに月1回くらい集まって、ふだんの活動内容を発表したり、課題について話し合ったりしています。夏には講師をよんで、研修会を開いたりもします。そのほか研究会に参加して、他県や小中学校の司書とも交流をもって、勉強をしています。

一人では図書館づくりに限界があるので、先生や生徒、いろいろな人と協力しています。アイディアが浮かばないときは、いろいろな学校図書館の例を参考にさせてもらっています。私たちも日々勉強ですね。

学校司書になるには

どんな学校に行けばいいの？

「学校司書」という資格はないが、採用に司書の資格が必要になることが多い。正規職員としての採用枠は少なく、各自治体などの採用試験に合格することが必要。学校に通う子どもや教職員、ほかの図書館や保護者、地域の人、本を届けてもらう書店の人など、いろいろな人との円滑なコミュニケーションが求められる。

どんなところで働くの？

小学校・中学校・高校などの図書館で働く。子どもたちの読書活動を支援することはもちろん、教科の学習や特別活動に関連した図書を準備して探究的な学習を行えるようにしたり、休み時間や放課後に安心して過ごせる場所にしたりと、学校図書館と学校司書が果たす役割は大きくなってきている。

Chapter 4 図書館ではどんな人が働いているの?

働いている人に Interview! ⑫
▶資料保全専門員

貴重な資料を文化遺産として
後世に伝えていくため、
保存や修理をする仕事。

しんの せつお
眞野節雄さん
とうきょう と りつちゅうおう と しょかん
東京都立中央図書館

会社員を経て、司書資格を取得。司書として働いた後、資料保存、修理、製本について学び、資料保全室勤務に。日本図書館協会資料保存委員会委員長として、全国各地での研修会講師も務めている。「これからの図書館を担う若い人たちに知識や技術を伝えていきたいです」

Interview!

▶ 資料保全専門員ってどんな仕事？ ◀

資料の収集と併せて、貴重な資料を文化遺産として長く保存し、後世に伝えていくことも、図書館の大切な仕事のひとつ。経年や利用などによって劣化・損傷した資料の修理を行ったり、こわれやすいつくりの新刊書について、書架に並べる前に厚表紙をつけるなどの事前の手当てを行ったりする。

必要最低限の修理にとどめることが基本

　都立中央図書館には、江戸時代初期から明治時代にかけての和装本など古い貴重な蔵書も多く、それらをきれいな状態で残していくための資料保全室があります。このような資料修復専門の部署がある施設は、全国でも国立国会図書館など数少なく、公立図書館ではここだけです。

　資料を修理するときの基本的な考え方は、必要最低限の修理にとどめるということ。何か手を加えると、紙はダメージを受けてしまうため、利用に耐えるための対処だけをするか、ときには治さないほうがよいこともあります。図書館にあるたくさんの資料のなかには、すぐに捨ててもいいものもあれば、100年、200年後まで大事に保存しておくべきものもあります。また、公文書のように中身がしっかり残せればいいものと、草双紙（江戸中期以降に流行した大衆的な絵入りの小説本）のように雰囲気も変えないように残すべきものもあります。ですから、まずは価値を見極めて、修理するべきかどうかを決め、修理をする場合はよく考えていちばん適切な方法を選択します。

　冊子の構造もいろいろあれば、損傷の具合もそれぞれで、判断に悩むこともあります。これまで15年もやっていても、ふと夜中に「どうしようかなぁ」と考えて眠れないときもあるんですよ（笑）。これが正解という方法はないですが、引き出しをたくさんもっていなければなりません。ぼくは、どんなに難しそうなものでも「できません」とは言わず、わからなければ調べたり相談したりして、最善をつくすようにしていま

す。悩んでいたものが、きっちりできたときは達成感があります。

この仕事は、署名などは入りませんが、ずっと先まで残るものなので、いい加減なことをすると未来の人にばれてしまいます。ずっと昔に修理の手が入った資料を見て、「こんな適当なことをしやがって」と思うものもあります（笑）。ですから将来、誰に見られても恥ずかしくない仕事をしたいという気持ちがありますね。

安全な材料を使って行うことが重要

和装本の修理にもいろいろな方法があります。ものや状態によって、一日で10冊くらいできることもあれば、一冊に１カ月以上かかることもあります。和紙は丈夫で長くもちますが、虫とカビが大敵です。「虫損」といって虫に食われた紙は穴だらけになってしまいますし、カビが発生すると紙が最終的には粉々になってしまうんです。

修復は、一冊にまとめている糸を切って、一枚ごとの紙に解体してから行います。虫損の修理方法で、紙に負担がかかりにくく、資料の雰囲気を残しやすいのが「繕い」です。資料に合った厚さ・色・風合いの和

利用者が手にとれるように、貴重な古い地図はフィルムに封入します

Interview!

紙を選んで、それを湿らせて手でちぎった「喰裂」というものを、紙の裏から水で薄めたのりで貼りつけます。カビにやられて弱くなっているページは、薄い和紙を全面に貼ります。一枚ずつ修復が終わったら、糸でとじて再製本します。それを「仕立て直し」といいます。

修理にあたっては、もとの原形を大切にすることのほかに、安全な材料を用いることが重要です。そのため、楮などの植物を原料にした和紙、小麦でんぷんからつくられたのり、水だけを使っています。化学物質や不純物を含んだものを使うと、時間が経ってから変化してしまう可能性があるからです。紙の色を合わせる

資料保全専門員のある1日

8時30分	出勤。メールチェック。メールでの問い合わせなどに返信する。
9時	業務開始。そのときどきで依頼された資料の修理や保存のための手当てを行う。
12時	昼食。
13時	午前中に引き続き、資料の修理や保存のための手当てを行う。
15時	研修に来た人への説明や、「図書館ツアー」に来館した人の見学の案内など。
16時30分	書類の作成など事務的な仕事を行う。
17時30分	資料室の掃除。後片付け。
17時45分	業務終了。帰宅。

修復のようす

ためには、染めたものではなく、自然に変色した紙を古本屋さんなどから手に入れて使っています。また、何百年も保存するものは、つぎの修理を行うときのために、「可逆性」といって元の状態に戻せることが重要です。天然の素材なら、すぐに取ることができるんですよ。

洋紙で「酸性紙」を使った資料は、時間の経過とともに劣化してボロボロになってしまいます。そのため「脱酸処理」といって、紙をアルカリ溶液に浸して弱アルカリ性にすることで、長もちさせられるようになります。地図などの大きなものは、処理をしたあと、透明なフィルムにはさんで保存します。

知識や技術を伝えていくことも大切な仕事

都立図書館には以前、製本職の職員が何人もいたのですが、だんだん減ってしまいました。私は司書として入り、声をかけてもらい先輩から技術を引きつぎました。司書の仕事を長くしていたおかげで、資料の重要度や利用頻度なども考えながら、修理をすることができています。

現在、多くの図書館では、司書やボランティアの方が資料の修復を行

酸性紙の資料は脱酸してからフィルムに封入

っています。資料保全室では館内職員向けの研修会をしたり、年に2回は都内の公立図書館の職員を対象にした講習会を開いたりして、基本的なことを覚えてもらっています。大量の資料がある国立国会図書館とも深い交流があり、おたがいに修理の仕方を相談し合ったりしています。

　研修会や講習会では具体的な方法も伝えますが、まずは技術よりも、図書館資料の保存や修理についての基本的な考え方や原則を頭に入れてほしいと思っています。「図書館ツアー」として、資料保全室の見学や和装本の製作などを都民の方に体験してもらう機会もあります。資料保全室でもっている知識や技術を、何とかして広く伝えていきたいですね。

　東日本大震災のあとには、津波の被害を受けた陸前高田の資料の修繕もしました。泥や海水に漬かった本の消毒や洗浄ははじめてで、手探りで進めるしかありませんでした。自分たちで実験をくり返し、新しい発見や対処法を見つけていきましたが、苦労しただけに、資料を復活できたときの喜びは格別でした。

　資料保存の世界は日々進化していて、いろいろ勉強したり情報を集めたりするのも大変です。いちばんよい方法で、現在ある資料を後世に伝えていくお手伝いができればと思って、仕事に向かっています。

資料保全専門員になるには

どんな学校に行けばいいの？
　司書や学芸員の資格をもっていることが望ましく、関連科目を開講している大学や短期大学で所定の科目を履修すれば取得することができる。また、文化財保存修復のコースのある大学などで基本的な知識を習得できる。専門職としての募集はあまりないが、保存や修理にはさまざまなかたちでかかわれる。

どんなところで働くの？
　図書館の資料保全室で働き、資料の保存対策全般についての企画・調査・研究を行う。古くなったり、多くの人に利用されたりして傷んだ資料を修理するほか、講習会などを開いて、区市町村立図書館や大学図書館、公文書館、議会図書館といった施設の担当者に知識や技術を伝えている。

▶ 図書館にまつわるこんな話1

図書館の本の分類方法

　日本の多くの図書館では「日本十進分類法（NDC）」という共通の方法で、本を分類している。「日本十進分類法」はまず、すべての本をテーマごとに1から9までに分けて、そのどれにも当てはまらないテーマを「0」として、合計10区分に分ける。これを「類」という。つぎに、それぞれの類を10から99までに分けて100区分にする。これを「綱」という。そして、さらに細かく分けて1000区分にしたものが「目」となる。

　たとえば、小説は「9・文学」に当てはまるので、その書棚に並んでいる。文学のなかでも日本の作品は「91・日本文学」に当てはまり、日本文学のなかで小説は「913・小説・物語」に当てはまる。こうして、おおまかな分類から細かい分類へと10ずつの項目に細分していき、そのとき決められた3ケタの数字を「分類番号」という。小説のように同じ分類番号の本がたくさんあるときは、本を書いた人の名前の最初の一文字をカタカナで示す。これを「著者記号」という。また、シリーズや全集など　同じタイトルの本が何冊かあるときにつけられた番号を「巻冊記号」という。これらを合わせて「請求記号」といい、本の背の下に貼られたラベルに記入されている。請求記号は本の住所のような役割を果たし、内容が似ている本は近くに集まることになる。また、本棚での並べ方は、番号の数字が小さい順、カタカナの五十音順に、左から右へ、上から下へと並べるのが基本となっている。

　このようなルールを覚えておくと、自分が調べたいテーマの本を図書館で探しやすくなる。図書館だけではなく、大きな書店でもこのルールに近い分類法で本が並んでいることが多い。

Interview!

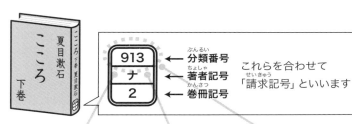

分類番号
著者記号
巻冊記号

これらを合わせて「請求記号」といいます

＜日本十進分類法による分類＞

1ケタ目の分類（10区分）
0 総記 …下の9つの分野に当てはまらないもの
1 哲学 …哲学、東洋思想、心理学、宗教など
2 歴史 …日本史、世界史、伝記、地理など
3 社会科学 …政治、法律、経済、社会、教育など
4 自然科学 …数学、物理学、化学、生物科学、地学、医学など
5 技術 …建築学、機械工学、電気工学、家政学など
6 産業 …農業、水産業、商業、交通、通信事業など
7 芸術 …絵画、写真、音楽、演劇、スポーツなど
8 言語 …日本語、英語など各国の言語
9 文学 …さまざまな言語で書かれた文学

2ケタ目の分類（100区分）
90…文学全般
91…日本文学
92…中国・アジア文学
93…英米文学
94…ドイツ・北欧文学
95…フランス文学他
96…スペイン文学他
97…イタリア文学他
98…ロシア文学他
99…その他諸言語文学

3ケタ目の分類（1000区分）
910…日本文学全般
911…詩歌
912…戯曲
913…小説・物語
914…随筆他
915…日記・書簡・紀行
916…手記・ルポルタージュ他
917…蔵言・アフォリズム他
918…作品集
919…日本漢文学他

＜本棚の並べ方＞

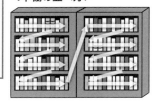

番号の数字が小さい順、カタカナの五十音順に、左から右へ、上から下へ並べる

図書館にまつわるこんな話2

図書館の歴史

●世界の図書館の歴史

　世界最古の図書館といわれているのは、紀元前7世紀にアッシリア王国につくられたアッシュール・バニパルの図書館だ。1850年に発見され、収蔵されていた大量の粘土板の資料からメソポタミアの文化や歴史があきらかになった。紀元前3世紀にエジプトに建てられたアレクサンドリア図書館は、世界中の文献の収集をめざし、パピルスの文書約70万巻を所蔵していた。薬草園もあり、優秀な学者が集まる一大学術機関ともなっていたが、火災で失われてしまった。

　4世紀にコンスタンティヌス帝がコンスタンティノープルに開設した帝国図書館は、キリスト教の文献を中心に、パピルスから羊皮紙や上質皮紙に書き写すことを目的にしていて、5世紀には10万点以上もの蔵書を誇ったといわれる。6世紀ごろには修道院に併設された図書館が出現し、このころから13世紀ごろまでのヨーロッパでは、修道院が本を生産し、保管する場所となった。当時の本は貴重だったため、鎖をつけて机や本棚に固定されており、学者や貴族など限られた人しか利用できなかった。9世紀のアッバース朝では、ハールーン＝アッラシードの息子、マームーンが「知恵の館（バイト＝アルヒクマ）」とよばれる施設を設立。哲学や自然科学の書物を集め、ギリシア語の資料をアラビア語に翻訳する機能ももち、天文台も併設されていた。

　13世紀にはフランスのパリやドイツのハイデルベルクなどに大学が開校し、大きな図書館が備えつけられた。しだいに文化的な財産を受け継ぐ機能が重視されるようになり、専門の管理者が誕生する。15世紀半ばにグーテンベルクにより活版印刷が開発されると、図書館の目的は保存から利用へと変わっていき、16〜18世紀には有料で本の貸し出しなどを行う会員制の図書館が各地に開かれた。

19世紀になると、アメリカに公費で運営される公共図書館が生まれ、1854年に開館したボストン公共図書館など大規模な施設もつくられた。ほぼ同じころ、1852年にはイギリスのマンチェスターに最初の公共図書館ができた。こうして各地に、誰もが無料で利用できる図書館が増えていったのである。

●日本の図書館の歴史
　8世紀はじめごろにつくられた図書寮は、律令制度のもとで現在の宮内庁にあたる中務省に所属し、国の書物を集めたり歴史書の編纂をしたりした役所で、現在の国立図書館に似ていた。
　8世紀末に有力貴族であった石上宅嗣によって平城京につくられた芸亭は、自分の邸宅を寺として改築したとき、敷地の一部に古今の書籍を収蔵し、希望者に閲覧を許したことから、日本で最初の公開図書館とされている。それ以後、個人で蔵書を集めた公家文庫とよばれるものが増えていく。鎌倉時代中期の1275年ごろ、北条実時が設けた「金沢文庫」などが有名で、室町時代に日本最初の総合大学といわれた「足利学校」にも武人から多くの図書が寄進された。江戸に幕府が開かれる前の1602（慶長7）年には、徳川家康は貴重な書を収蔵する「富士見亭文庫」（のちの「紅葉山文庫」）をつくり、資料を管理する書物奉行が置かれた。
　近代的な欧米の図書館制度を日本に最初に伝えたのは、幕末に渡欧した福沢諭吉だ。彼の著書『西洋事情』で紹介された大英博物館の図書室などを参考にして、1872（明治5）年に東京では日本初の近代的な図書館「書籍館」が、京都では日本初の公共図書館「集書院」がつくられた。その後、1897年に国立の帝国図書館が誕生し、このときにはじめて司書を置くことが定められた。さらに1899年の図書館令の制定後、各地に公共図書館がつくられたが、当時は館内での閲覧のみで貸し出しは行われていなかった。第二次大戦後になって、1950（昭和25）年の図書館法の施行により、地域住民のための図書館が増え、教育や研究、楽しみの場となり、貸し出しやレファレンスなどのサービスも充実していった。

この本ができるまで
——あとがきに代えて

　現在、出版業界はインターネットの普及や電子書籍の登場などIT技術の進展によって、大きな過渡期に差しかかっています。業界の先行きは明るいとはいえませんが、これからも本がなくなることはないでしょう。情報があふれている時代だからこそ、あらためて本の価値が見直されてくるかもしれません。

　本は私たちの知的好奇心を刺激し、感動を与えてくれます。一冊の本が、人生を変えるきっかけになることさえあります。そんな本との出合いを手助けしてくれるのが、書店や図書館で働く人たちです。この本をつくるためにお話をうかがった方々は、みなさん本が大好きで、いつも本についての情報収集を欠かさず、お客さまや利用者に満足してもらいたいという熱い思いをもっている人ばかりでした。このたび、取材にご協力くださった方々のお名前をつぎのページに記します。お忙しい中、快く対応していただき、ありがとうございました。この場を借りてお礼申し上げます。

　私も子どものころから本が好きで、書店で買ったり図書館で借りたりした本から、多くのことを学び、想像の世界を広げることができました。今回の取材を通して、あらためて本の魅力を伝える書店員と司書の仕事はすばらしいと思いました。

　本シリーズの企画・編集者で、取材時には写真撮影も担当してくれたぺりかん社の中川和美さん、わかりやすくかわいいイラストで文章を補ってくれた山本州さん、シリーズを通して装幀をお願いしている菊地信義さんにも、心より感謝いたします。

この本に協力してくれた人たち(50音順)

【書店】
大阪屋栗田
鎌垣英人さん、蒲原昌志さん、樋口和彦さん

ジュンク堂書店
下田裕之さん、田村友里絵さん、中村洋司さん、平田亜弓さん

丸善ジュンク堂書店
荒巻航平さん、大内達也さん、神山千尋さん、庄司 茜さん

【図書館】
東京都立小川高等学校
千田つばささん

東京都立中央図書館
眞野節雄さん

豊島区立中央図書館
齋藤佑太さん、真柄幸司さん、元川正子さん、山根 斎さん

装幀：菊地信義

本文デザイン・イラスト：山本 州 (raregraph)
本文DTP：吉澤衣代 (raregraph)
写真：編集部

[著者紹介]
戸田恭子（とだ きょうこ）

神奈川県生まれ。青山学院大学文学部卒業。出版社勤務を経て、フリーランスライターに。飲食店や企業などをはじめ、幅広い分野での取材記事を多数執筆している。著書に『しごと場見学！ レストランで働く人たち』、『ものづくりと仕事人 チョコレート菓子・ポテトチップス・アイス』（ぺりかん社）などがある。

しごと場見学！──書店・図書館で働く人たち

2016年4月25日　初版第1刷発行

著　者：戸田恭子
発行者：廣嶋武人
発行所：株式会社ぺりかん社
　　　　〒113-0033　東京都文京区本郷1-28-36
　　　　TEL：03-3814-8515（営業）　03-3814-8732（編集）
　　　　http://www.perikansha.co.jp/
印刷・製本所：株式会社太平印刷社

Ⓒ Toda Kyoko 2016
ISBN 978-4-8315-1437-0
Printed in Japan

出版案内

しごと場見学！シリーズ
しごとの現場としくみがわかる！

第1期：全7巻
第2期：全4巻
第3期：全4巻
第4期：全4巻

全国中学校進路指導連絡協議会 推薦

私たちの暮らしの中で利用する場所や、施設にはどんな仕事があって、どんな仕組みで成り立っているのかを解説するシリーズ。
豊富なイラストや、実際に働いている人たちへのインタビューで、いろいろな職種を網羅して紹介。本書を読むことで、「仕事の現場」のバーチャル体験ができます。

各巻の内容・構成

① まずはイラスト頁で「しごと場」の様子・しくみと、そこで働く様々な人たち・職業をチェック！

② 大事なところは太字とイラストで解説しています。

③ インタビュー頁では実際に働いている先輩の声を紹介。

シリーズ第1期：全7巻
病院で働く人たち／駅で働く人たち／放送局で働く人たち／学校で働く人たち／介護施設で働く人たち／美術館・博物館で働く人たち／ホテルで働く人たち

シリーズ第2期：全4巻
消防署・警察署で働く人たち／スーパーマーケット・コンビニエンスストアで働く人たち／レストランで働く人たち／保育園・幼稚園で働く人たち

シリーズ第3期：全4巻
港で働く人たち／船で働く人たち／空港で働く人たち／動物園・水族館で働く人たち

シリーズ第4期：全4巻
スタジアム・ホール・シネマコンプレックスで働く人たち／新聞社・出版社で働く人たち／遊園地・テーマパークで働く人たち／牧場・農場で働く人たち

各巻の仕様	A5判／並製／160頁／価格：本体1900円＋税

出版案内

5教科が仕事につながる！

《主要5教科》
英語の時間
国語の時間
数学の時間
理科の時間
社会の時間

《別巻4教科》
保健体育の時間
美術の時間
技術・家庭の時間
音楽の時間

全9巻 完結！

松井大助・小林良子＝著

[推薦] 全国中学校進路指導連絡協議会

中学校の科目からみるぼくとわたしの職業ガイド

内容と特色

step1 それぞれの教科の特色と、将来へつながる勉強の魅力・可能性を解説。

step2 社会の第一線で働く人たちに取材。学校の勉強が将来どう役に立つのか具体的に紹介。

step3 各巻で紹介した仕事に就くにはどうしたらよいか、その道筋をフローチャートを交えて解説。

step4 取材で紹介した仕事の他に、関連するさまざまな仕事を紹介。

学校の勉強って何の役に立つの？

- ●中学時代に学んだことが、仕事のどんな場面で役立つかを、社会の第一線で働く100人（全9巻の合計）にインタビュー。
- ●あこがれの職業と学校の教科とをつなぐ、新しい職業ガイド。
- ●主要5教科と別巻4教科で構成する全9巻。

仕様	価格
A5判／上製 各巻128～160頁 本文14級／ルビ付き カラー図版あり NDC 370	各巻価格 本体2,800円＋税 全9巻セット価格 本体25,200円＋税

出版案内

会社のしごとシリーズ 全6巻
会社の中にはどんな職種があるのかな？

松井大助 著

社会にでると多くの人たちが「会社」で働きます。会社には、営業や企画、総務といったしごとがありますが、これらがどういうしごとであるか、意外と正しく理解されていないのではないでしょうか？
このシリーズでは、会社の職種を6つのグループに分けて分かりやすく紹介し、子どもたちに将来のしごとへの理解を深めてもらうことを目指します。

① **売るしごと**
営業・販売・接客
ISBN 978-4-8315-1306-9

お客さまと向き合い、会社の商品であるモノやサービスを買ってもらえるように働きかける「営業・販売・接客」のしごと。実際に働く14名へのインタビューを中心に、くわしく紹介します。

② **つくるしごと**
研究・開発・生産・保守
ISBN 978-4-8315-1323-6

ニーズにあった形や色・機能の商品を、適切な技術と手順で商品に仕上げ、管理する「研究・開発・生産・保守」のしごと。実際に働く14名へのインタビューを中心に、くわしく紹介します。

③ **考えるしごと**
企画・マーケティング
ISBN 978-4-8315-1341-0

新たなモノやサービスを考え出し、お客様に買ってもらうための作戦を立てる「企画・マーケティング」のしごと。実際に働く14名へのインタビューを中心に、くわしく紹介します。

④ **支えるしごと**
総務・人事・経理・法務
ISBN 978-4-8315-1350-2

各部門の社員が十分に力を発揮できるように、その活動をサポートする「総務・人事・経理・法務」のしごと。実際に働く14名へのインタビューを中心に、くわしく紹介します。

⑤ **そろえるしごと**
調達・購買・生産管理・物流
ISBN 978-4-8315-1351-9

工場やお店に必要なモノがそろうように手配する「調達・購買・生産管理・物流」のしごと。実際に働く14名へのインタビューを中心に、くわしく紹介します。

⑥ **取りまとめるしごと**
管理職・マネージャー
ISBN 978-4-8315-1352-6

みんながいきいきと働いて、目的を達成できるように取りまとめる「管理職・マネージャー」のしごと。実際に働く14名へのインタビューを中心に、くわしく紹介します。

| 各巻の仕様 | A5判／上製カバー装／平均160頁 | 価格：本体2800円＋税 |

出版案内

探検！ものづくりと仕事人
仕事人が語る、ものづくりのおもしろさ！　全5巻

■本シリーズの特色
- その商品ができるまでと、かかわる人たちをMAPで一覧！
- 大きな写真と豊富なイラストで、商品を大図解！
- できるまでの工場見学をカラーページで紹介！
- 仕事人のインタビューから、仕事のやりがいや苦労がわかる！
- 歴史や知識もわかる、豆知識ページつき！

マヨネーズ・ケチャップ・しょうゆ
山中伊知郎 著

ISBN 978-4-8315-1329-8

マヨネーズ　マヨネーズができるまでを見てみよう！　マヨネーズにかかわる仕事人！　**ケチャップ**　ケチャップができるまでを見てみよう！　ケチャップにかかわる仕事人！　**しょうゆ**　しょうゆができるまでを見てみよう！　しょうゆにかかわる仕事人！　まめちしき（マヨネーズの歴史 他）

ジーンズ・スニーカー
山下久猛 著

ISBN 978-4-8315-1335-9

ジーンズ　ジーンズができるまでを見てみよう！　ジーンズにかかわる仕事人！　**スニーカー**　スニーカーができるまでを見てみよう！　スニーカーにかかわる仕事人！　まめちしき（ジーンズの歴史・生地の話、スニーカーの歴史、スニーカーの選び方）

シャンプー・洗顔フォーム・衣料用液体洗剤
浅野恵子 著

ISBN 978-4-8315-1361-8

シャンプー　シャンプーができるまでを見てみよう！　シャンプーにかかわる仕事人！　**洗顔フォーム**　洗顔フォームができるまでを見てみよう！　洗顔フォームにかかわる仕事人！　**衣料用液体洗剤**　衣料用液体洗剤ができるまでを見てみよう！　衣料用液体洗剤にかかわる仕事人！　まめちしき（シャンプーの歴史 他）

リップクリーム・デオドラントスプレー・化粧水
津留有希 著

ISBN 978-4-8315-1363-2

リップクリーム　リップクリームができるまでを見てみよう！　リップクリームにかかわる仕事人！　**デオドラントスプレー**　デオドラントスプレーができるまでを見てみよう！　デオドラントスプレーにかかわる仕事人！　**化粧水**　化粧水ができるまでを見てみよう！　化粧水にかかわる仕事人！　まめちしき（リップクリームの歴史 他）

チョコレート菓子・ポテトチップス・アイス
戸田恭子 著

ISBN 978-4-8315-1368-7

チョコレート菓子　チョコレート菓子ができるまでを見てみよう！　チョコレート菓子にかかわる仕事人！　**ポテトチップス**　ポテトチップスができるまでを見てみよう！　ポテトチップスにかかわる仕事人！　**アイス**　アイスができるまでを見てみよう！　アイスにかかわる仕事人！　まめちしき（チョコレート菓子の歴史 他）

各巻の仕様	A5判／上製カバー装／平均128頁／一部カラー　　価格：本体2800円＋税

【なるにはBOOKS】

税別価格 1170円～1300円

- ❶ パイロット
- ❷ 客室乗務員
- ❸ ファッションデザイナー
- ❹ 冒険家
- ❺ 美容師・理容師
- ❻ アナウンサー
- ❼ マンガ家
- ❽ 船長・機関長
- ❾ 映画監督
- ❿ 通訳・通訳ガイド
- ⓫ グラフィックデザイナー
- ⓬ 医師
- ⓭ 看護師
- ⓮ 料理人
- ⓯ 俳優
- ⓰ 保育士
- ⓱ ジャーナリスト
- ⓲ エンジニア
- ⓳ 司書・司書教諭
- ⓴ 国家公務員
- ㉑ 弁護士
- ㉒ 工芸家
- ㉓ 外交官
- ㉔ コンピュータ技術者
- ㉕ 自動車整備士
- ㉖ 鉄道マン
- ㉗ 学術研究者(人文・社会科学系)
- ㉘ 公認会計士
- ㉙ 小学校教師
- ㉚ 音楽家
- ㉛ フォトグラファー
- ㉜ 建築技術者
- ㉝ 作家
- ㉞ 管理栄養士・栄養士
- ㉟ 販売員
- ㊱ 政治家
- ㊲ 環境スペシャリスト
- ㊳ 印刷技術者
- ㊴ 美術家
- ㊵ 弁理士
- ㊶ 編集者
- ㊷ 陶芸家
- ㊸ 秘書
- ㊹ 商社マン
- ㊺ 漁師
- ㊻ 農業者
- ㊼ 歯科衛生士・歯科技工士
- ㊽ 警察官
- ㊾ 伝統芸能家
- ㊿ 鍼灸師・マッサージ師
- 51 青年海外協力隊員
- 52 広告マン
- 53 声優
- 54 スタイリスト
- 55 不動産鑑定士・宅地建物取引主任者
- 56 幼稚園教師
- 57 ツアーコンダクター
- 58 薬剤師
- 59 インテリアコーディネーター
- 60 スポーツインストラクター
- 61 社会福祉士・精神保健福祉士
- 62 中小企業診断士
- 63 社会保険労務士
- 64 旅行業務取扱管理者
- 65 地方公務員
- 66 特別支援学校教師
- 67 理学療法士
- 68 獣医師
- 69 インダストリアルデザイナー
- 70 グリーンコーディネーター
- 71 映像技術者
- 72 棋士
- 73 自然保護レンジャー
- 74 力士
- 75 宗教家
- 76 CGクリエータ
- 77 サイエンティスト
- 78 イベントプロデューサー
- 79 パン屋さん
- 80 翻訳家
- 81 臨床心理士
- 82 モデル
- 83 国際公務員
- 84 日本語教師
- 85 落語家
- 86 歯科医師
- 87 ホテルマン
- 88 消防官
- 89 中学校・高校教師
- 90 動物看護師
- 91 動物訓練士
- 92 動物飼育係・イルカの調教師
- 93 フードコーディネーター
- 94 シナリオライター・放送作家
- 95 ソムリエ・バーテンダー
- 96 お笑いタレント
- 97 作業療法士
- 98 通関士
- 99 杜氏
- 100 介護福祉士
- 101 ゲームクリエータ
- 102 マルチメディアクリエータ
- 103 ウェブクリエータ
- 104 花屋さん
- 105 保健師・助産師・養護教諭
- 106 税理士
- 107 司法書士
- 108 行政書士
- 109 宇宙飛行士
- 110 学芸員
- 111 アニメクリエータ
- 112 臨床検査技師・診療放射線技師・臨床工学技士
- 113 言語聴覚士・視能訓練士・義肢装具士
- 114 自衛官
- 115 ダンサー
- 116 ジョッキー・調教師
- 117 プロゴルファー
- 118 カフェ・喫茶店オーナー
- 119 イラストレーター
- 120 プロサッカー選手
- 121 海上保安官
- 122 競輪選手
- 123 建築家
- 124 おもちゃクリエータ
- 125 音響技術者
- 126 ロボット技術者
- 127 ブライダルコーディネーター
- 128 ミュージシャン
- 129 ケアマネジャー
- 130 検察官
- 131 レーシングドライバー
- 132 裁判官
- 133 プロ野球選手
- 134 パティシエ
- 135 ライター
- 136 トリマー
- 137 ネイリスト
- 138 社会起業家
- 139 絵本作家
- 140 銀行員
- 補巻1 空港で働く
- 補巻2 美容業界で働く
- 補巻3 動物と働く
- 補巻4 森林で働く
- 補巻5 「運転」で働く
- 補巻6 テレビ業界で働く
- 補巻7 「和の仕事」で働く
- 補巻8 映画業界で働く
- 補巻9 「福祉」で働く
- 補巻10 「教育」で働く
- 補巻11 環境技術者で働く
- 補巻12 「物流」で働く
- 補巻13 NPO法人で働く
- 補巻14 子どもと働く
- 補巻15 葬祭業界で働く
- 補巻16 アウトドアで働く
- 補巻17 イベントの仕事で働く
- 別巻 理系のススメ
- 別巻 「働く」を考える
- 別巻 働く時のルールと権利
- 別巻 就職へのレッスン
- 別巻 数学は「働く力」
- 別巻 働くための「話す・聞く」
- ● 以降も続々刊行

一部品切中のものがございます。在庫につきましては、小社営業部までお問い合わせください。